賈伯斯帶給我們圖像介面的電腦，我們以圖像介面來了解賈伯斯。這本書名定為 *iS : The Making of Steve Jobs*，希望能更清楚地說明賈伯斯的特點，也希望大家能注意到一些經常被忽略的背景人物，以及元素。

Steve Jobs introduced the graphical interface to the world. We introduce Steve Jobs through a graphical interface. As the title of the book suggests, *iS : The Making of Steve Jobs* hopes to illustrate the various characteristics of Steve Jobs and illuminate the many individuals and elements of his world that are often left in the shadows or overlooked.

iS : The Making of Steve Jobs
Contents

spirit 心靈

creativity 創意

art 美學

technology 科技

marketing 行銷

management 管理

life 人生

賈伯斯因為找不到看得上的家具，寧可讓屋裡空蕩蕩的。這張
照片攝於 1982 年。最顯眼的是一座立燈。

他說自己每隔一陣，就會因為工作或愛情而能夠感受到一種純
淨的感覺。每當他感受到這種純淨的時候，他說：「我總是會
哭。深深地被打動。」

構成要素 His Elements

性格與行為特質

控制欲

做什麼事情都喜歡在自己完全的控制之下。蘋果的產品與經營採徹底的垂直整合系統，正是這一點代表。
朋友認為這和他一出生就遭到父母的遺棄有關。

易怒與出口傷人

朋友也認為他的憤怒的根源，來自於被親生父母遺棄。

完美主義

他對產品的任何細節都不放過。從很大程度上，這要歸源於童年受他父親保羅·賈伯斯的身教影響所致。保羅教他：釘一個柵欄或家具，不能因為背面別人看不到就馬虎行事。

素食主義

很小就愛吃有機蔬菜，成為素食主義者。不但如此，他還長期只吃一兩種蔬果。並且經常斷食。年輕的時候，曾經主張吃素的人不用洗澡，身上也不會有異味。結果一度只能在夜裡上一個人的班。

現實扭曲力場 RDF

一旦有自己想要做的事情，不論在任何現實條件的限制之下，都可以說得一定可成。一旦有自己想要說服人的事情，不論遇到的對象有多麼堅定的立場，都有辦法讓人接受。尤其在要求手下完成一件不可能任務的時候。1981年，賈伯斯手下軟體部門的崔波爾（Budd Tribble）為他的這個特殊本領提出了「現實扭曲力場」（Reality Distortion Field, RDF）的說法，後來廣為人用。崔波爾說，這個說法的原始出處來自於「星艦迷航」（Star Trek）影集。

相信迷幻藥

他相信禪可以使人的意識甦醒，迷幻藥也可以使人的意識甦醒。

相信禪修

他在十九歲的時候去印度流浪了七個月。回國後深刻體會到東西方思維的差異，從此禪對他人生有了深遠的影響。

達志影像

Elements

絕對兩分法

人在他眼裡，不是聰明人就是笨蛋。東西在他眼裡，不是頂尖的，就是很爛的。並且大家覺得沒有什麼差別的，他就是可以截然兩分。

自戀型人格障礙

愛好步行

高中時候因為要走十五條街才能到學校，反而養成了終身熱愛步行的習慣，還經常赤足步行。賈伯斯尤其熱中於邀人一面散步，一面談論重要的事情。許多重大交易與事件，都如此完成。

賈伯斯最愛，但是卻沒能結合的蕾德絲（Tina Redse），在他們分手後去協助成立一個精神病患慈善組織。在那裡她從書中讀到「自戀型人格障礙」的介紹，發現賈伯斯是最好的代表。她說，要賈伯斯對別人好一點，或是不要那麼自我中心，如同要一個盲人重見光明。

兩對父母與兩個妹妹 Parents and Sisters

故事的開始

敘利亞地理位置圖

江達利是敘利亞望族。來美國求學後,留下來在政治系任助教的時候認識瓊安‧辛普森而相戀。賈伯斯僱用私家偵探,原先同時找尋父、母親。事實上,江達利曾經在聖荷西附近開過餐廳,賈伯斯還去過他的餐廳,和他說過話。但是賈伯斯在先找到母親,接著找到妹妹夢娜之後,決定不再找他,也不相認了。賈伯斯病重之後,江達利想與賈伯斯聯絡又擔心被以為另有所圖,所以曾公開放話,希望賈伯斯能先打個電話給他,但賈伯斯始終沒有。江達利今年八十歲,是個很注意保養身體和狀態的人。來美國後,雖然已經有三十五年沒再回敘利亞,但還是很愛伊斯蘭世界的文化。江達利和瓊安‧辛普森離婚後,又結過三次婚。熱愛工作、堅決拒絕退休,這一點和賈伯斯如出一轍。網路上有一篇他接受訪問的報導,對他的背景介紹得比較多,請參考本書<參考資料>裡的網址。

江達利 Abdulfattah John Jandali

瓊安‧辛普森的父親得知女兒和敘利亞人相戀之後,堅決不准。因此瓊安‧辛普森懷孕之後,只好選擇私下把孩子生下來。她本來期望等病重的父親過世後,可以和江達利結婚,孩子就可以不必送人。但是等到她父親終於過世,她也得以和江達利結婚時,孩子已經被人領養了。

辛普森 Joanne Simpson

江達利和辛普森結婚後,生了一個女兒夢娜。沒過幾年,兩人還是離婚,夢娜因而跟從母姓。

瓊安‧辛普森的浪漫形象,在她女兒夢娜‧辛普森的書《四方為家》(Anywhere but Here)裡有描述。賈伯斯透過私家偵探尋找父母親,先是找到了母親。瓊安‧辛普森一直對當年讓賈伯斯被人領養感到羞愧與難過。見到賈伯斯說起往事,總難免淚汪汪,反是賈伯斯要安慰她。有關瓊安‧辛普森的介紹,在《賈伯斯傳》裡比較多,有一章敘述賈伯斯尋覓他們,以及相遇之後的過程。

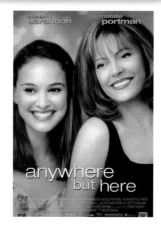

保羅‧賈伯斯夫妻在領養史蒂夫兩年後，再給史蒂夫領養了一個妹妹佩蒂。

達志影像

佩蒂‧賈伯斯 Petty Jobs

佩蒂和賈伯斯的關係，不像他和夢娜那麼親密。但是佩蒂對蘋果的成立也很有貢獻。最早的 Apple I 生產地點，是在佩蒂出嫁之後騰出來的房間。之後規模再擴大，才移到保羅‧賈伯斯空出來的車庫。

保羅‧賈伯斯 Paul Jobs

保羅‧賈伯斯是個機械迷，對修理汽車尤其在行。賈伯斯從小看他工作，以及跟人家談判，受到的影響極大（請參見〈影響他的人〉單元）。他和克萊拉兩人給了賈伯斯很大的愛。賈伯斯很早就一方面知道自己是被棄養的小孩，另一方面又知道自己是最被珍寵的小孩，提出再離譜的要求，父母都會答應。

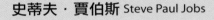

史蒂夫‧賈伯斯 Steve Paul Jobs

原來要領養賈伯斯的是一對醫生夫妻，但他們因為要的是女兒而放棄。保羅‧賈伯斯夫妻雖然是藍領，但因為承諾會讓史蒂夫上大學，得到辛普森不情願的同意。

克萊拉‧賈伯斯 Clara Jobs

嫁給保羅‧賈伯斯之前，曾經有過一次婚姻。

夢娜‧辛普森 Mona Simpson

賈伯斯找到生母之後，由她帶領去紐約見到夢娜。賈伯斯和夢娜的關係很密切，臨終時，夢娜也在他的身邊。
夢娜是專業作家。有三本書以家人為背景。

《四方為家》 Anywhere but Here
這本書裡的媽媽，寫的就是瓊安‧辛普森。女兒則是夢娜自己。小說開場第一句話，就是「我們吵了一架」。……

《失去的父親》 Lost Fathers
故事裡有他們父親江達利的影子：「我這一輩子都在尋找我的父親。這成了我一個羞恥的印記。然後，二十八歲那一年，我找到他了。一切都改變了。」

《正常人》 A Regular Guy
據說是以賈伯斯為原型寫成的。賈伯斯承認其中有四分之一寫得很像他。這位主角，在地球上最喜歡的地方，也是優勝美地。

© Najlah Feanny/CORBIS SABA

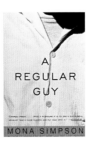

愛情、婚姻與子女 Love, Marriage and Childre

感情浪子的蛻變

達志影像

蕾德絲 Tina Redse

蕾德絲是賈伯斯說他見過最美，最了解他，他也最愛的女人。但也因此，蕾德絲知道自己不可能和賈伯斯廝守生活，終於分手。

艾根 Jennifer Egan

1983 年，賈伯斯又和很年輕的大學生艾根交往。艾根因為自己另有人生規劃，不想結婚而分手。

瓊・拜雅 Joan Baez

1982 年，賈伯斯曾與比他年長十四歲的鄉村歌手瓊・拜雅交往。賈伯斯為她著迷的理由之一，是她曾經是他偶像鮑布・狄倫的女友。因為瓊・拜雅不肯生育，兩人後來分手。

亞辛斯基 Babara Jasinski

1978 年，拜訪麥肯納公關公司時認識了公關顧問亞辛斯基，後來與她交往。

布瑞南 Chris Ann Brennan

是賈伯斯在高中時認識的女朋友。兩人有共同對禪與迷幻藥等的興趣。後來分手，分手後卻又藕斷絲連，布瑞南懷了麗莎。也因為布瑞南懷麗莎時不是賈伯斯的正式女朋友，導致賈伯斯一直不承認，直到驗 DNA。（請參見＜愛的、恨的、傷害的＞單元。）

麗莎 Lisa

賈伯斯一直不認她，到驗出 DNA 之後，才開始支付撫養費用。儘管如此，賈伯斯在 Apple II 之後開發的一個新電腦，即以「麗莎」為名。

賈伯

© Ed Kashi/VII/Corbis

©Chris Dunstan/wikipedia

賈伯斯夫婦的婚禮在優勝美地國家公園裡的阿瓦尼旅館舉行。

© Lea Suzuki/San Francisco Chronicle/Corbis

© Saint Michael's Alley

賈伯斯與蘿琳・鮑爾第一次見面，就決定放棄工作會議，邀她去晚餐。當晚他們定情的地方就是這家「聖麥可小巷」餐廳。

鮑爾 Laurene Powell

賈伯斯在史丹佛大學演講遇見了鮑爾，為了和她共進晚餐而放棄開重要的會議。二人於 1991 年 3 月 18 日於優勝美地國家公園結婚。婚禮儀式由賈伯斯長年以來的禪宗導師乙川弘文主持。婚後，蘿琳穩定了賈伯斯的生活。賈伯斯在重返蘋果後，工作極為勞累，無暇兼顧家庭，曾公開表示對蘿琳持家，讓他沒有後顧之憂的感激。

ul Jobs

夢娜・辛普森小說《正常人》裡描述的忙碌異常，上廁所連沖水時間都沒有的主角，帶子女去海外一些他喜愛的地方，則不吝惜時間。真實世界裡的賈伯斯，也是如此，他總會挪出時間，帶子女去他答應要去的地方。即使到他生病之後。

里德 Reed

賈伯斯的長子，出生於 1991 年，於史丹佛大學念醫學。

艾琳 Erin

賈伯斯的女兒，出生於 1995 年。

伊芙 Eve

賈伯斯的小女兒，出生於 1998 年。

影響他的人 Influencers

學習與成長過程受的深刻影響

賈伯斯的父親對他影響深遠。童年，他就從父親那裡學來了兩件事情。一是完美主義。他父親教他釘柵欄時，跟他說背面沒有人看到，也要講究做工。二是生意談判和殺價能力。他常跟父親去看他買汽車零件時殺價，學到了談判的手腕。賈伯斯買皮克斯只付了盧卡斯開價的三分之一，讓迪士尼買皮克斯的時候則溢價極大，是他談判能力的代表作。

上小學的時候，賈伯斯個性就顯露聰明，但易怒又敏感，是個不斷製造麻煩的孩子。有一天，老師希爾給了他一份特別的作業和一根棒棒糖，並且答應做好之後再給他五塊錢當作獎勵。幾個月後，他不再需要棒棒糖和錢來鼓勵，他「只想學得更多、更好，讓老師高興」。他說，這個老師是他的天使，如果不是她，他一定會成為不良少年而入獄。

1950、60 年代，房地產開發商艾格勒推出了一系列風格簡約、享受優雅，價格卻不昂貴的平價房。賈伯斯小時候看多了這種房子，很受啟發，日後他希望為一般大眾製造一流的產品，起源於此。圖片是艾格勒當時請義大利設計師所設計的平價房的內觀。

保羅・賈伯斯

小學老師
希爾
Imogene Hill

建築商
艾格勒
Joseph Eichler

Influ

火腿族藍恩
Larry Lang

藍恩是他的鄰居。小學時給他看喇叭的組裝。還帶他看LED、帶他加入惠普探索者俱樂部，對電子產生興趣。

中學老師
麥克倫
John McCollum

麥克倫教的電子學，進一步刺激了他對電子學的興趣。

達志影像

他看歐本海默為了尋找設計原子彈的人才團隊,深受感動。日後也建立了自己尋找頂尖人才合作的觀念和方法。

歐本海默
Robert Oppenheimer

達志影像

包浩斯
Bauhaus

更確立他的產品的簡約美感。

藍德
Edwin Land

創立寶麗萊拍立得相機的藍德,說能夠兼通人文與科技的人,才是真正的人才。賈伯斯以此立志。

cers

托洛斯基
Leon Trotsky

《不斷革命論》。永無止境的自我追尋。

鮑布·狄倫
和
披頭四

在他眼裡,他們兩個是無法複製的。鮑布·狄倫永不停止的創作與表演,也對他影響很大。

傅萊蘭德
Robert Friedland

是賈伯斯難得認為奇特的人,也是他後來保持距離的人。他在大學時認識了傅萊蘭德。傅萊蘭德帶引他去探索「更高層次的神識」,並且刺激他踏上印度之旅。此外,他們共同的朋友寇特克(Daniel Kottke)認為,傅萊蘭德還教了他兩樣重要的東西:一,是讓賈伯斯從一個比較封閉的人成為會演講,並且有群眾魅力的人;二,是賈伯斯日後說服別人就範最有用的「現實扭曲力場」。這兩樣事,傅萊蘭德本人就是高手。

讀的書 Books He Loved

一張部份的書單

達志影像

King Lear
作者：莎士比亞
（William Shakespeare）

賈伯斯少年時對電子狂熱，閱讀也偏向技術方面的書。到了高中，他的閱讀開始涉入大量的人文。
他也喜愛起莎士比亞。在莎士比亞的作品裡，他又最喜歡《李爾王》，說他百看不厭。

莫札特的腦袋與戰機駕駛員

Mozart's Brain and The Fighter Pilot
作者：理察·瑞斯塔
（Richard Restak）

這是一本關於怎麼改善大腦記憶的書。他和波諾成為朋友之後，有一次送給波諾這本書。

李爾王

Fo R

白鯨記

Moby Dick
作者：梅爾威爾（Herman Melville）
這是賈伯斯高中時最愛的幾本書之一。

禪者的初心

Zen Mind, Beginner's Mind
作者：鈴木俊隆
啟發他日後對禪修認知的書。

狄倫·湯瑪斯的詩選

Dylan Thomas Selected Poems
作者：狄倫·湯瑪斯

"Rage, Rage at the Dying of the Light"，這是賈伯斯最喜歡湯瑪斯的一首詩。

活在當下

Be Here Now
作者：拉姆達斯
（Baba Ram Dass）
了解你所做的每件事都是修行的一部分。

一座小行星的
新飲食方式

Diet for a Small Planet
作者：法蘭西斯‧拉佩
（Frances Moore Lappe）
這本書是賈伯斯大一的時候讀到
的，對他影響極大。由於作者大
力宣揚素食對生態與環保的意義，
使得本來就熱愛蔬果的賈伯斯，
因這本書而更成為徹底的素食主
義者。這本書是一本經典著作，
作者後來還有一個增訂版本。

突破修道上的唯物

Cutting Through Spiritual Materialism
作者：邱陽‧創巴仁波切
指出什麼是正確的修道觀念，耐心是必需的。

一個瑜伽行者的
自傳

非黏液飲食療法

Mucusless Diet Healing System
作者：埃雷特（Arnold Ehret）

認為所有病源自吃得過量，和吃得
不對，而斷食是達至身體最佳狀態
的方式。賈伯斯因為這本書而連素
食的要求都更進一步，也就是只吃
水果和不含澱粉質的蔬菜。因此曾
經連米、麵包也都不吃。
不但如此，他還經常長時間只吃一
兩種蔬果，然後再進行斷食。斷食
時間有時一個星期，有時拉到更長。
他形容斷食可以帶給人極特別的經
驗。因為身體不用在消化這件事情
上耗用能量，所以反而會更精神充
沛。
後來到他得知患了癌症時，也是先
使用飲食療法，不肯開刀。

Autobiography of a YOGI
作者： 尤迦南達
賈伯斯多次和此書相遇，後來他說每年
都會讀一次。

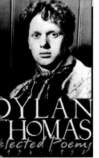

全球目錄

Whole Earth Catalog
編者：布蘭德（Steward Brand）
六〇、七〇年每個嬉皮士人手一本的另類雜
誌，賈伯斯稱它為他們那個年代的聖經。

禪修 Zen

他說：禪是讓他意識甦醒的途徑之一

© GregPanos /Wikipedia

賈伯斯與他的大學朋友丹尼爾 · 寇特克（Daniel Kottke）互相喜歡禪學，並相約到印度旅行。他們目睹了大壺節的盛況，也看到了印度人民的貧困，心靈上卻是富足。

寇特克
Daniel Kottke

Zen

禪者的初心

賈伯斯年輕時讀過許多禪修的書籍，其中尤以鈴木俊隆禪師的《禪者的初心》（*Zen Mind, Beginner's Mind*）對賈伯斯的影響最大。

枯山水

一個瑜伽行者
的自傳

賈伯斯早年就讀過這本書。在印度流浪七個月的時間裡，一個偶然的機會又讀了幾遍這本書。之後，每隔一段時間，賈伯斯都會再讀一次。

© Tangoraso / Wikipedia

枯山水是日本僧侶用於冥想的輔助工具，這些靜止不變的庭園造景被認為具有使人寧靜的效果。

乙川弘文

© www.kobun-sama.org/Nicolas Schossleitner

乙川弘文為日本曹洞宗僧侶，1967 年他從日本遠赴美國宣教，並成為了賈伯斯生命中十分重要的禪宗導師。

鈴木俊隆

賈伯斯從印度流浪回來後，終於有機會見到了他心儀已久的《禪者的初心》作者鈴木俊隆。鈴木俊隆是舊金山禪修中心的創建人，每個星期三，都會在禪修中心帶領大家禪修，並做開示。乙川弘文原來在協助鈴木俊隆，後來鈴木俊隆就請乙川弘文另辦一所可以每天都讓人去禪修的中心。賈伯斯就這樣跟乙川弘文學法，成為他的弟子。

塔薩亞拉禪山中心

賈伯斯曾經在塔薩亞拉禪山中心（Tassajara Zen Mountain Center）跟乙川弘文學習經行。

達志影像

賈伯斯相信禪，也相信迷幻藥（LSD）。

他說吃迷幻藥是他一生做過最重要的事情之一。因為迷幻藥可以幫他看到銅板的另一面，「深化我對重要價值的認知：創造頂尖事物，而不是追求財富」。

這張攝影是優勝美地（Yosemeti），是賈伯斯喜愛的一個地方。他的婚禮就是在這裡一家飯店舉行的。

第一次 The First Time

他人生的諸多第一次

達志影像

十五歲的時候,爸爸給他一台改裝過的納許(Nash)大都會雙色轎車。圖裡的車子是該類型車種。

小時候爸爸帶他去參觀 NASA 艾姆斯研究中心看到的。

第一次看到電腦終端機

第一次擁有汽車

高中十年級的暑期,打電話給惠普創辦人惠利特(William Hewlett)問事情,還得到了一個去惠普打工的機會,在生產線幫忙組裝惠普的計頻器。

達志影像

第一次打工

Fi

十一年級的暑假。因為有了汽車,他開始認識許多大學生,也開始吸食大麻,還把大麻留在車上,被父親逮個正著。

達志影像

第一次吸大麻

第一次交女朋友

1972 年,和克莉絲‧布瑞南交往。

1971 年,兜售沃茲尼克開發的免費 打長途電話用的「藍盒子」。成本四十美元,賣一百五十美元。一百個都賣光。

第一次做生意

第一次遇到比他還懂電子學的人

1970 年秋天認識沃茲尼克。

第一次
接受總統表揚

1985 年 2 月，賈伯斯與沃茲尼克獲得美國國家科技獎章 (National Technology Medal)，由當時的總統雷根親自頒發。

© Contour by Getty Images

1982 年，被選為《時代》雜誌年度風雲人物。

第一次上
《時代》
雜誌封面

第一次
賣出電腦

© Ed Uthman /Flickr

1976 年，蘋果電腦成立後不到一個月。

第一次見到
鮑布 · 狄倫

2004 年 10 月，賈伯斯第一次見到他的偶像鮑布 · 狄倫。事前他很擔心偶像會讓自己失望，但很高興沒有。鮑布‧狄倫很坦誠地談了自己的生活和創作。他們聊了兩個小時。

第一次
開公司

1976 年 4 月 1 日，蘋果電腦成立。

第一次
有小孩

與高中時的女友布瑞南生下的第一個女兒麗莎。

第一次面試
與正式工作

達志影像

1974 年，他離開里德學院，去雅達利公司面試，應徵電玩設計師。 時薪五美元。

第一次
穿西裝

1977 年 1 月，為了參加第一屆西岸電腦綜合展，買下生平第一套西裝。

達志影像

第一次認識
同性戀的人

在雅達利公司認識的韋恩（Ron Wayne），後來一度成為蘋果電腦三位原始股東之一。

關鍵時刻 Critical Moments

一些影響他人生走向的關鍵時刻

認識一個叫藍恩（Larry Lang）的鄰居，看他組裝喇叭和父親所告訴他的知識不符之後，體會到自己比父母聰明。他有這個感受之後覺得很羞愧，加上知道自己是被領養的，使他對家人和世界都感到格格不入。

小學

原來父母帶他去上路德教會。1968 年 7 月份的 *Life* 雜誌以非洲難民小孩為封面，讓他深感震撼，和牧師就上帝的全知全能發生爭論後，放棄基督信仰。

13 歲

當時轉學，家附近有一個果園。鄰居教他種有機蔬菜，從此愛上了蔬果，種下了素食主義者的因子。

七年級

九年級

讀高中的時候，他要走十五條街才到得了學校。從此愛上步行。

兜售沃茲尼克開發免費打長途電話用的「藍盒子」。一百個都賣光。後來他說：「我百分之百確定：沒有藍盒子，就沒有蘋果。」

© RaD man, David Remahl 2004/wikipedia

16 歲

1974 去印度

和女友布瑞南躺在麥田裡吃迷幻藥，突然覺得整個麥田都響起他喜愛的巴哈的音樂。他說那是他生命中最美妙的一刻，覺得他像是交響樂團的指揮，而巴哈正穿過麥田朝他走來。

17 歲

辭掉雅達利的工作，去印度流浪了七個月。他本來要去朝拜尼姆‧卡洛里巴巴為師，但最後放棄，決定改從刻苦的生活中練習悟道。回到美國後，他感受到比去印度更大的文化衝擊，也開始真正體會到直觀與禪的力量。

達志影像

Criti Mom

2003 年 10 月

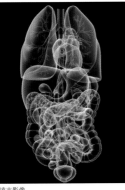

達志影像

診斷出胰臟癌。當時醫生建議開刀摘除，但他不想接受手術，採用食療等方式，到九個月後發現腫瘤陰影擴大，才接受開刀。

1997 年 7 月 4~11 日

7 月 4 日蘋果董事會請執行長艾米里歐走路，並邀請當時是顧問身分的賈伯斯回任執行長，他沒有鬆口答應。5 日是星期六，他決定以暫時更「積極」的方式工作。

上班後的第一個星期五，7 月 11 日，賈伯斯就和董事會攤牌，寫信要求除董事長伍拉德之外，全體辭職，否則他就走人。最後，他同意可以再多一位董事留任，其他董事全部換血，包括創始期的馬庫拉。賈伯斯開始他主控董事會的新時代。

1986 年 電腦動畫年會

皮克斯的動畫「頑皮跳跳燈」（*Luxo Jr.*）拿到最佳影片，並接受全場歡呼後，本來為皮克斯的未來而苦惱的他，突然「知道動畫的魔力了！……皮克斯要像 Macintosh 一樣，完美地結合科技與藝術。」

1985 年 9 月 17 日

和史考利的權力鬥爭失敗，辭職離開蘋果。

1996 年 12 月 2 日

十一年來第一次踏進蘋果大門，和當時執行長艾米里歐洽談由蘋果購買 NeXT 的技術來當未來作業系統。蘋果購併了 NeXT，也邀請賈伯斯擔任顧問。當時艾米里歐自以為和賈伯斯相處得不錯，還認為賈伯斯適合當個啦啦隊（Cheerleader），而不是個經營者（manager）。後來賈伯斯透露他對艾米里歐的看法，則極為輕蔑。

1979 年 去參觀 全錄 PARC

當年麥金塔的團隊成員。　　Norman Seeff 攝

看到他們的圖形介面和滑鼠之後，他形容自己那一刻的感受是：「就好像突然掀開了面紗，我看到了電腦的未來。」Macintosh 由此得到靈感，以及相關聯的人才，開始發展。

1976 年 4 月 1 日

© DB Apple/dpa/Corbis

沃茲尼克賣掉 HP65 計算機拿到五百美元。賈伯斯賣掉 福斯露營車拿到八百美元，兩人以一千三百美元開始創立蘋果電腦。他們還邀請韋恩加入，三人各佔股份 45%、45%、10%。但十一天後，韋恩退出。

蘋果成立後不到一個月，拿到五十台組裝好電路板的訂單。日後沃茲尼克說：「那是蘋果史上最重要的一刻。」

一本影響他的雜誌 The Whole Earth Catalog

尤其是這本雜誌停刊號封底的一句話

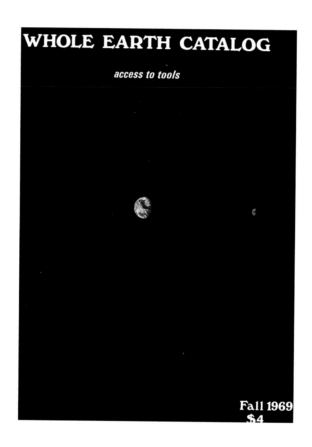

1969 創刊號封面

布蘭德（Stewart Brand）是一位極為特立獨行的人，在一個推廣電腦教育的協會支持下辦了這本雜誌。布蘭德在創刊號裡寫道：「一種個人的力量正在成形。個人可主導自己的教育，尋找自己的靈感，塑造自己的環境，並與有興趣的人分享自己的探險。《全球目錄》提供的就是這個過程所需要的工具。」刊頭底下，有一行字：「取用工具」（access to tools）。

Stay hungry. Stay foolish.

1971 停刊號封底

停刊號的封底，可以看到「 虛懷若渴，大智若愚 」
（Stay hungry. Stay foolish.）。多年後，因為賈伯斯
在史丹佛大學的演講中，也在結尾引用了這兩句話，
因而廣為人知。

喜歡的事物　His Likes

簡潔風的源頭

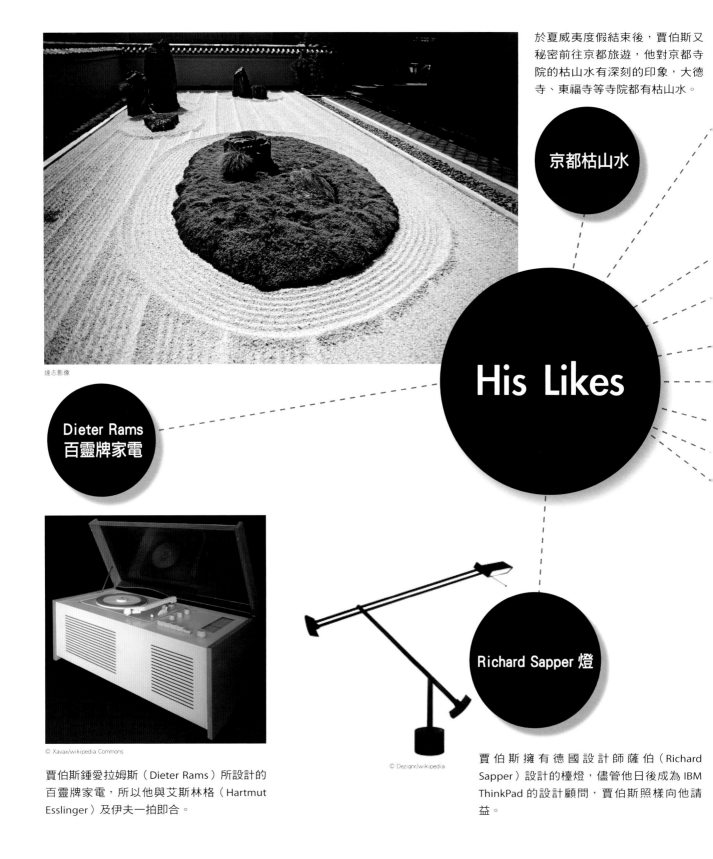

於夏威夷度假結束後，賈伯斯又秘密前往京都旅遊，他對京都寺院的枯山水有深刻的印象，大德寺、東福寺等寺院都有枯山水。

京都枯山水

His Likes

Dieter Rams
百靈牌家電

Richard Sapper 燈

達志影像

© Xavax/wikipedia Commons

© Dezignr/wikipedia

賈伯斯鍾愛拉姆斯（Dieter Rams）所設計的百靈牌家電，所以他與艾斯林格（Hartmut Esslinger）及伊夫一拍即合。

賈伯斯擁有德國設計師薩伯（Richard Sapper）設計的檯燈，儘管他日後成為 IBM ThinkPad 的設計顧問，賈伯斯照樣向他請益。

三宅一生 高領衫

賈伯斯請三宅一生為蘋果員工打造制服，但蘋果員工不願意穿。賈伯斯便請他為自己設計黑色圓領衫，他一共給了賈伯斯一百多件。

雙人牌刀子

© bradleyjohnson/Flicky

Apple II 成功後，他謹慎地為洛斯佳圖（Los Gatos）的家挑選家具，只有他欣賞的物品才進得了門。

賈桂琳咖啡館 舒芙蕾

舊金山美食排行前五名的名店賈桂琳咖啡館以舒芙蕾聞名，也時常有遊客目擊賈伯斯出入此店。

Greens Restaurant

由舊金山禪修中心成立的素食餐廳位於梅森堡中心，能夠看到整個金門大橋，與賈伯斯關係匪淺，是他常去的餐廳之一。

Benz SL55 AMG

賈伯斯的愛車是 2007 年的賓士 SL55 AMG 跑車，他既不掛車牌也常超速，但加州警察都知道是他的車，往往睜一隻眼閉一隻眼。

© Francesco Gasparetti/wikipedia

佛羅倫斯 石板路

賈伯斯離開蘋果後前往義大利旅遊，他被佛羅倫斯的石板路所吸引。第一間 Apple Store 的地板也仿而效之，從義大利進口石材鋪設。

夏威夷 科納村

德國 Miele 洗烘衣機

賈伯斯是科納度假村的常客。2010 年處理完 iPhone 4 天線門事件後，賈伯斯與全家一同前往夏威夷度假，有遊客目擊他在科納度假村現身，蘋果也證實度假事實。

© Rick Gutleber/Flickr

賈伯斯四十歲接受 *Wired* 雜誌專訪時把美式洗衣機批得一無是處，卻推崇 Miele 的滾筒洗烘衣機，儘管時間加倍，但更省水與肥皂。
圖為 Miele 公司創辦人——卡爾美諾。

達志影像

從 1989 年起，鮑布·狄倫的「無盡頭巡迴演唱」（Never Ending Tour）每年巡迴世界各地演出大約一百天，加上前後奔波的旅行時間，表示每年可能要有一半時間「在路上」。數十年如一日不斷創作、演出的鮑布·狄倫，是賈伯斯的偶像。 賈伯斯說他這一輩子唯一講話會結結巴巴的經驗，就是他在 2004 年第一次見到這位偶像的時候。

圖為 2011 年，鮑布·狄倫在上海演出。

特別武器：字體 A Special Weapon

賈伯斯大學中輟之後旁聽的字體學心得，成為他日後應用在蘋果產品上的特別武器

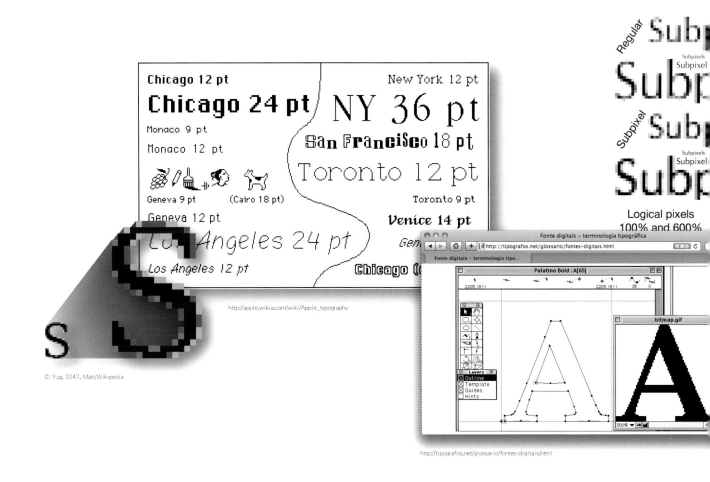

http://apple.wikia.com/wiki/Apple_typography

© Yug, 3247, Matt/Wikipedia

http://tipografos.net/glossario/fontes-digitais.html

Bitmap 點陣字

早期電腦所使用的字體一律是點陣字，在螢幕上採用像素點對點的方式呈現，並且由於技術因素，每個字的間距一致。看起來就像是打字機所打出的文件一般毫無感情。當時顯示器製造技術不佳，許多 IBM 電腦的像素甚至是長方形。

Macintosh 字型

當蘋果推出具備圖形介面的 Macintosh 時，賈伯斯就展現了他在里德學院所學。他請蘇珊・凱爾（Susan Kare）設計出一系列不同的點陣字體，以世界一級城市命名，並內建斜體、粗體等呈現方式，同時也堅持 Macintosh 螢幕的像素必須為正方形。

TrueType 向量字

之後，蘋果相容 Adobe 所開發的 Type 1 向量字體格式，後來又自行開發出 TrueType 格式，並且授權給微軟。加上當時由 Aldus 開發的 PageMaker 軟體與蘋果的雷射印表機 LaserWriter，讓排版工作能夠轉移到電腦。

一般像素（上）
與次像素渲染（下）的比較

iPhone 4 的 Retina Display（右側）
與 iPhone 3G 的比較

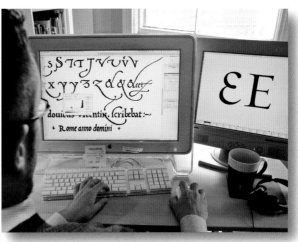

Sub Pixel 次像素演算

蘋果自 Apple II 起，沃茲尼克就應用了名為次像素（Sub Pixel）的演算法，讓字體呈現能夠更加圓滑。之後這項技術一直沿用，Mac OS X 對於字體美化更是不遺餘力。iPhone 4 採用 Retina Display 後，更配合這項技術讓文字能呈現猶如印刷品一般美麗。

字體多型支援

英文書法中，字母與不同字連結，筆順就會有所不同。不同的筆順就建構不同的字母形態（Glyph），蘋果買下字體設計師 Hermann Zapf 所設計的 Zaptino 字體，就內含了一千四百種字母形態。強納森・胡福勒（Jonathan Hoefler，上圖）替蘋果電腦設計出「胡福勒字型群」（Hoefler Text family），也屬於多型字。

偉大的藝術家會偷　Great Artists Steal

賈伯斯曾引用畢卡索的名言：「好的藝術家抄，偉大的藝術家偷」

© Joho345/Wikipedia

© Liberal Classic/Wikipedia

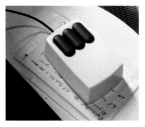

© Marcin Wichary/Flickr

全錄的帕羅奧多研究中心（PARC）有一批人才，潛心研究走在時代前端的電腦，但都沒有商業化應用。1979 年，賈伯斯在 Apple II 的成功之後，在探索新產品的可能時，經過別人的推薦，決定去 PARC 看看。而全錄因為有投資蘋果，並且最高層決策人物沒有意識到 PARC 研發出來的價值，就同意讓賈伯斯一窺究竟。PARC 開發出來的電腦，已經使用圖形介面，並且使用一種最早為恩格爾巴特（Douglas Engelbart）所發明的三鍵操作的滑鼠（如上圖）。賈伯斯回憶當他看到 PARC 所做的演示時：「就好像突然掀開了面紗，我看到了電腦的未來。」Macintosh 由此得到靈感，並從 PARC 挖走相關的人才，得以發展。

Macintosh 不但開發了比 PARC 更便利、美觀的圖形介面，並且把滑鼠做了改革，不但改為單鍵操作，並且把全錄需要四百美元的造價，降低到二十五美元。因此後來雖然全錄也把圖形介面和滑鼠操作的電腦推上市面，但完全不是 Macintosh 的對手。日後微軟也推出圖形介面的 Windows 系統，蘋果控告他們剽竊官司多年，賈伯斯憤憤難平。後來，比爾‧蓋茲有次跟賈伯斯打了個比喻。蘋果和微軟都跟全錄這個有錢人做鄰居，有一天比爾‧蓋茲溜進有錢人家裡想偷他們家電視的時候，卻發現賈伯斯早已經先動手了。

他喜歡的音樂人 Musicians He Loved

「鮑布‧狄倫和披頭四是無法複製的。」所以這兩位是他的最愛

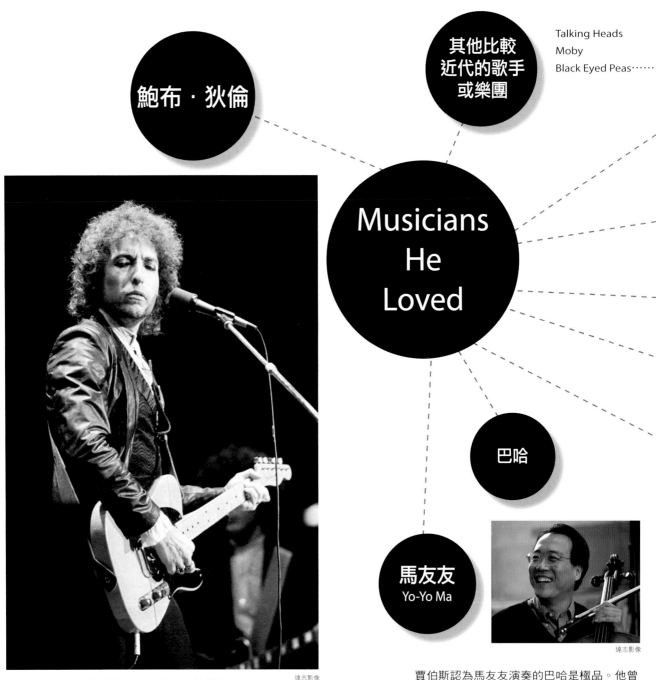

鮑布‧狄倫

其他比較
近代的歌手
或樂團

Talking Heads
Moby
Black Eyed Peas……

Musicians
He
Loved

巴哈

馬友友
Yo-Yo Ma

達志影像

達志影像

永不停止創作與表演的鮑布‧狄倫是他的最
愛之一。賈伯斯年輕時會用吉他彈奏他的
歌,並與費南德茲(Bill Fernandez)或沃茲
尼克等朋友討論歌詞。

賈伯斯認為馬友友演奏的巴哈是極品。他曾
經邀請馬友友到婚禮上演奏,但馬友友時間
沒能配合。後來他希望馬友友能在他葬禮上
演奏。

酷玩樂團

達志影像

他是酷玩樂團（Coldplay）的樂迷，曾在演唱會時進入後台，於更衣室外和電視節目主持人大衛 · 霍姆斯（Dave Holmes）聊天。

其他 60、70 年代 的歌手

Rolling Stones
Don McLean
the Doors
Janis Joplin
Jimi Hendrix
Simon and Garfunkel
Johnny Cash……

Bono

達志影像

賈伯斯也在 2004 年與 U2 聯名推出 U2 iPod 20GB 款式，當時 U2 主唱 Bono 因為支持非洲國家慈善事業，受到全世界所關注。

披頭四 樂團

死之華 合唱團

達志影像

死之華合唱團（Grateful Dead）是他喜歡的樂團之一。在 2009 年的發表會上，他以他們的歌 American Beauty 來展示 iPhone、iTune 和 iPod 幾項改進功能。

他也喜歡披頭四樂團，不過由於公司與披頭四的唱片公司同名，蘋果為了這件事打了好長的官司。直到 2010 年 11 月，才能在 iTunes Store 上購買披頭四的歌曲，也是好不容易才辦到的。

達志影像

賈伯斯曾經比較人類和鳥類行動的差異。他認為只有在有了自行車之後，人類的行動才得以迅捷。因此，他認為電腦就是人類心智的自行車，並曾一度想把 Macintosh 改名為「自行車」，但遭到反對而作罷。這裡的圖中人，是自行車原型的發明者德萊斯（Carl von Drais）。

蘋果問世之前的電腦 Altair 8800

1970 年代及那之前的電腦，和今天大不相同……

達志影像

1970 年代，大家都相信電腦對人類有益，電腦可以幫人類做很多事情，但問題是只有大企業才用得起電腦。這需要挑戰。因而美國社會裡醞釀著一種革命前夕的氣圍，只是方向還不清楚。1975 年 1 月號的《大眾電子》（*Popular Electronics*）介紹了「全球首見可匹敵商用迷你電腦」的電腦組裝套件天狼星 Altair8800，激起了行家的注意。原先以為只有幾百台的 銷量，一個月內就賣了幾千套。比爾・蓋茲和保羅・艾倫也因而著手開發培基語言 BASIC。

© R0ger Ressmeyer/CORBIS

沃茲尼克（Steve Wozniak）當時在惠普工作，主要工作是開發電子計算器（Calculator）和影像終端機，下班後是個電子狂。有一天，他被朋友帶去參加「家釀電腦俱樂部」（Homebrew Computer Club）的聚會，當晚大家討論的焦點就是天狼星 8800。沃茲尼克對這部電腦組裝套件不像其他人那麼興奮，但是他對現場別人發給他的一份微處理器（Microprocessor）的規格表卻勾起了興趣。因而日後他說那是他人生最重要的一個晚上。（小圖是「家釀電腦俱樂部」的第一張傳單。）

沃茲尼克和蘋果一號 Wozniak and Apple I

蘋果的起源，本來是一個完全開放的系統……

沃茲尼克研究了那份微處理器規格表之後，看出如果把微處理器和終端機、
鍵盤結合，那麼可以做出一種革命性的電腦。在那之前，人類要使用電腦，
必須以卡片、控制儀器等和電腦溝通。沃茲尼克做到的，則是人可以直接用
鍵盤和電腦溝通，在螢幕上隨打隨看。這是電腦史上的里程碑，也就是後來

的 Apple Ⅰ。沃茲尼克做這部電腦，原先只是給自己使用，並且和「家釀電
腦俱樂部」的成員免費分享。賈伯斯則強烈反對，認為是個商機，大力說服
他共同成立蘋果電腦公司。Apple Ⅰ還帶著給玩家使用的感覺，買的人要自
己另買終端機加上去。

蘋果二號的成功要素 Success Factors of Appl

賈伯斯的投入，使這部電腦具備了商業化的魅力

配備齊全立即可用

賈伯斯希望滿足的不只是電腦玩家，而是一般消費者。所以把一切配備齊全，讓人買回去就可使用，不需要另外組裝。

新奇突破的軟體

© Owen Franken/CORBIS

布里克林（Daniel Bricklin）和法蘭斯頓（Robert Frankston）寫了一套名叫「試算表」（Visical）的軟體，為企業界所歡呼，成為早期推動 Apple II 銷售最有力的要素。

營造軟體設計群

連蘋果自己也大出意外，各界使用者為 Apple II 開發了幾十種軟體。程式設計師把蘋果視為大公司，希望得到重視。蘋果也開始重視營造外部的軟體設計群。

賈伯斯有天逛百貨公司的時候看到烹飪家（Cusinart）食物調理機，深受其簡單優雅的外殼所吸引，因而邀請孟諾（Jerry Manock）設計出 Apple II 的外殼。

簡單優雅的造型

貼心細膩的機件設計

別人不重視的地方，賈伯斯重視。他為了不想要電腦裡有小風扇，邀請霍特（Rod Holt）來設計一種特別的切換式電源供應器，並成為行業標準。多年後，賈伯斯仍為沒有人注意霍特在這件事情上的貢獻而叫屈。

經營粉絲團體

Apple II 的成功，讓蘋果很早就看出經營粉絲團體的重要。他們在內部備忘錄裡寫道：「在幫忙電腦銷售方面，沒有人勝過忠心耿耿、深入參與、關心經銷商和產品的客戶。」

賈伯斯相信的技術原則 What He Believed

從麥金塔開始，他相信垂直整合系統，率先淘汰既有技術

達志影像

MacBook Air 是第一台捨棄光碟機的電腦，蘋果決定透過無線網路連接到其他電腦的光碟機，或是以外接處理。內建的還原光碟改採用 USB 隨身碟，最終隨著 OS X Lion 的推出而完全雲端化。

踢開光碟機，
CD-ROM
時代終焉

率先淘汰的技術

iMac 宣告：
磁碟片已死

1998 年，iMac 上僅配備光碟機，宣告磁碟片成為過去式，但當時還有很多支援 iMac 的 USB 介面磁碟機配件。磁碟片始祖索尼（Sony）正式於 2011 年初停產，已是 iMac 推出十三年後的事了。

達志影像

2005 年 iMac 改款，不再內建數據機，改以 USB 外接。這項產品也於 2009 年停產。

© UR3IRS/Wikipedia

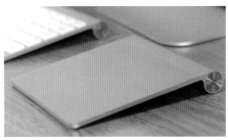

© Ntay/Wikipedia

隨著 Magic Trackpad 成為 iMac 的配件選項，再加上 OS X Lion 的多點觸控手勢，人們使用 Mac 時，不再需要滑鼠。

捨棄數據機，走向寬頻與無線

以觸控取代滑鼠，指向設備大變革

Display Port 時代來臨，D-Sub 掰掰！

率先以 USB 取代各種介面

© Fletcher at en.wikipedia

當年 USB 規格已經制定數年，但願意採用的廠商並不多。iMac 率先採用 USB 一統介面，隨後更力推高速的 Firewire 介面。

mini VGA 轉接頭　　　© Mobius, RokerHRO/Wikipedia

在筆記型電腦上，蘋果採用 mini VGA、mini DVI 等轉接頭來取代 D-Sub、DVI 視訊輸出接頭。讓設計更為簡潔。之後採用有多種轉接功能的 mini DisplayPort，徹底告別佔空間的老介面。

OS X 的演變 the Evolution of OS X

NeXT 打下的基礎，成為賈伯斯回來建構蘋果新一代作業系統 OS X 的核心

達志影像　　　　達志影像　　　　達志影像　　　　達志影像

獵豹 Cheetah OS X v10.0

2001 年 3 月 24 日發布，早期發展不成熟，僅有少量來自獨立開發商的應用軟體。

美洲豹 Puma OS X v10.1

2001 年 9 月 25 日發布，增加了系統的效能和新的功能，例如 DVD 播放。

美洲虎 Jaguar OS X v10.2

2002 年 8 月 24 日發布，第一次公開以開發代號的貓科名稱推出，有很多顯著的改進，例如減輕 CPU 負荷的「Quartz Extreme」、網路連線功能的「Rendezvous」等。

黑豹 Panther OS X v10.3

2003 年 10 月 24 日發布，改進更多效能，使用者介面有大規模的更新，例如內建支援 ZIP 壓縮、X11、傳真功能以及快速使用者切換，預設的瀏覽器也變成 Safari。

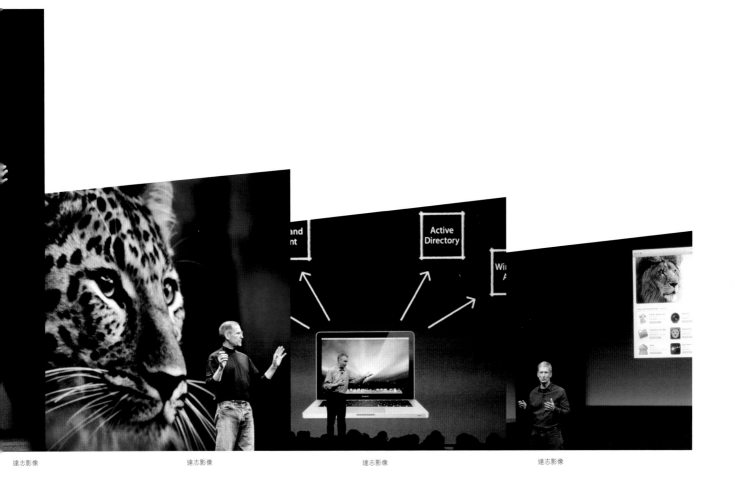

達志影像　　達志影像　　達志影像　　達志影像

虎 Tiger OS X v10.4

2005 年 4 月 29 日發布，此版本第一次採用單張 DVD 來安裝，「Spotlight」、使用 Webkit 為核心的「Dashboard」、自動化工作流程的「Automator」，在軟體開發方面，也新增了諸如「Core Image」等功能。

花豹 Leopard OS X v10.5

2007 年 10 月 26 日發布，新增虛擬桌面「Spaces」、自動備份工具「Time Machine」、讓 Mac 使用 Windows 的「Boot Camp」，Dock 也設計了新的外觀，並追加了「Stacks」堆疊功能。

雪豹 Snow Leopard OS X v10.6

2009 年 8 月 28 日發布，這是第一個 Intel Mac 專用版本，Snow Leopard 第一次將重點放在加強系統穩定性與效能，功能上加強了 Dock 與 Expos，並支援 Microsoft Exchange 2007。

獅 Lion OS X v10.7

2011 年 7 月 20 日發布，Lion 是自從蘋果發表 iPhone 以來，第一次將 iOS 上的使用經驗轉移至 Mac 平台上的嘗試，將「Exposé」、「Dashboard」與「Spaces」整合成「Mission Control」，並新增軟體管理啟動介面「Launchpad」。

產品簡化與譜系 Products at a Glance

今天蘋果的產品譜系,源自於賈伯斯重回蘋果之後一次大調整

專業使用者

一般使用者

桌上型

© Klodo6975, Wikipedia Commons

PowerMac

達志影像

iMac

筆記型

© Danamania, Wikipedia Commons

PowerBook

© Carlos Vidal (chiste), Wikipedia Commons

iBook

1997 年賈伯斯重回蘋果之後,發現他們產品百樣雜陳,雖然看來樣式選擇很多,但消費者難以理解。事實上,前一任執行長艾米利歐(Gil Amelio)也已經注意到這個問題,動手把蘋果三百個產品項目縮減到五十個。賈伯斯回任後,決定更進一步大刀闊斧地改革。有一天開會,他把蘋果的產品化約為四個象限的代表,那就是按桌上型/筆記型、專業使用者/一般使用者四類來區分。後來形成 PowerMac、iMac、PowerBook 和 iBook 四大產品線。

桌上型電腦系列

© Grm wnr/Wikipedia
1984 Macintosh128K

© Photograph by Rama, Wikimedia Commons, Cc-by-sa-2.0-fr
1984 Macintosh 512K

© Danamania/Wikipedida
1987 Macintosh SE

© Alexander Schaelss/Wikipedida
1990 Macintosh Classic

© Danamania/Wikipedida
1991 MacintoshClassic II

達志影像
2003 Power Mac G5

© Msikma/Wikipedia
2006 Mac Pro

筆記型電腦系列

達志影像
1999 iBook G3

© Scott "Jerry" Lawrence, jsl@absynth.com
2001 PowerBook Titanium G4

© Akira Kamikura (kamikura) / Wikipedia
2003 iBook G4

© Aido2002 /Wikipedia
2006 MacBook

© Sir Stig /Wikipedia
2008 MacBook

© MG Siegler/Flickr
2008 MacBook-Air

iMac 系列

達志影像
1998 iMac G3

© Steve Shaner/Wikipedia
2000 Power Macintosh G4 Cube

© Gishonen/Wikipedia
2002 iMac G4

© Jari Soikkeli/Wikipedia
2002 eMac

© Matthew Welty (fiveaside)/ Wikipedia
2004 iMac G5

© Matthieu Riegler, Wikimedia Commons2009 iMac

iPod 系列

達志影像
2001 iPod Classic
第一代

達志影像
2003 iPod Classic
第三代

達志影像
2004 iPod Classic
第四代

達志影像
2004 iPod U2
特別版

達志影像
2005 iPod Classic
第五代

© matthieu Riegler, Wikimedia Commons
2007 iPod Classic
第六代

iPhone 系列

達志影像
2007 iPhone

達志影像
2008 iPhone 3G

達志影像
2009 iPhone 3GS

達志影像
2010 iPhone 4

達志影像
2011 iPhone 4S

iPad 系列

© Evan-Amos/Wekipedia
2010 iPad

達志影像
2011 iPad 2

賈伯斯回任之後，從工作團隊裡發掘了強納生·伊夫（Jonathan Ive）成為蘋果產品的總設計師。從 1998 年起，伊夫設計的 iMac G3 漂亮的曲線、半透明的塑膠質感、鮮艷的色彩，打破大眾對電腦的刻板印象，驚艷了全世界。之後相同特徵的產品陸續出現，設計上則更加精緻化。2000 年推出 Power Macintosh G4 Cube，以較簡潔的立方體取代曲線。2001 年推出的 PowerBook Titanium G4，是首次運用大量金屬製造外殼的產品，此時的設計已經與之前有非常顯著的不同，以金屬來提升產品質感，線條也更簡約。第一代的 iPod 同樣承襲這個風格，之後即為產品的穩定時期，設計穩重、簡潔，且注重實用性。

擁有 317 項專利的人　317 Patents He Owned

賈伯斯參與設計而擁有的專利，說明細節中自有天地

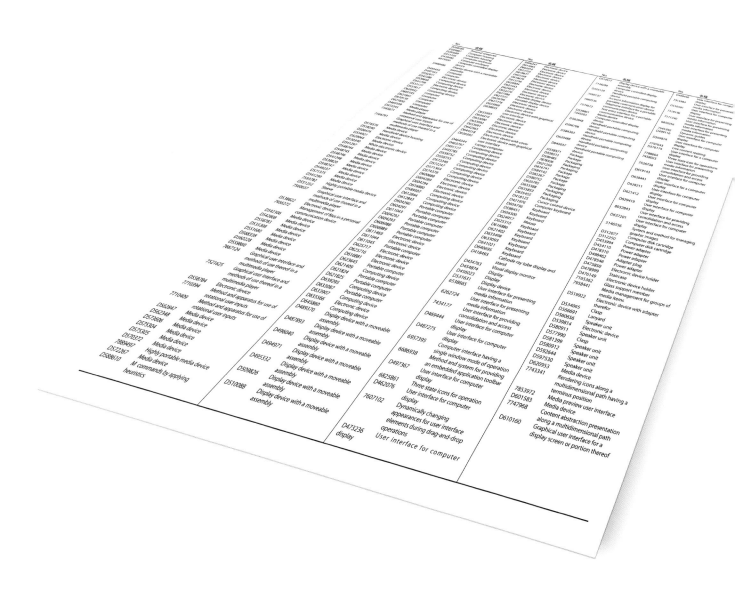

很多人說蘋果在科技上並不是創新的公司，只是善於把既有的科技拿來善加發揮而已。賈伯斯自己也承認這一點，並曾說過綜覽既有的科技，而能另加發揮，這其中就其樂無窮。

但事實上蘋果和賈伯斯做到的還不只如此。他們在一些極其平凡的事情上（譬如包裝、樓梯設計），也都另外開發出自己特有的工作方法，創造出給使用者特殊的體驗，因而申請到大量的專利。賈伯斯個人參與其中而並列專利申請者的項目，在美國專利局可查到的就有 317 項。賈伯斯的這些專利，可以打破很多人以為只有科技才和專利相關的固定想法。

© Bloomberg via Getty Images

蔡志揚攝

達志影像

達志影像

在眾多的專利中，有些已經成為大家都可以買到的產品。例如可以直接看到產品的透明包裝、簡潔利落的喇叭音箱，以及包含許多巧思的變壓器等。除了產品以外，蘋果電腦直營店的樓梯已經變成每間店裡最重要的景點。

賈伯斯的 317 項專利項目，可以到美國專利局的網站去看：
http://www.uspto.gov/

也可以到《紐約時報》整理的頁面去看：
http://www.nytimes.com/interactive/2011/08/24/technology/steve-jobs-patents.html

iPad 出現之前與之後 Before and After iPad

iPad 的研發是早於 iPhone 發生的，而其開端是因為一位微軟的人對賈伯斯的騷擾

Before

© Woookie/Wikipedia

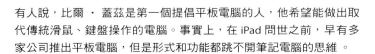

達志影像

達志影像

有人說，比爾 · 蓋茲是第一個提倡平板電腦的人，他希望能做出取代傳統滑鼠、鍵盤操作的電腦。事實上，在 iPad 問世之前，早有多家公司推出平板電腦，但是形式和功能都跳不開筆記電腦的思維 。

iPhone 上市早於 iPad，但事
是 iPhone 用到 iPad 開發的▉
因於有一天晚上他和比爾 ·
微軟一名負責開發平板電腦▉
集同仁，來開發一種前所未▉

After

達志影像

達志影像

的研發早於 iPhone。所以
伯斯之所以要研發 iPad，起
參加一個派對。派對上他被
騷擾。第二天早上，他就召
電腦。

iPad 問世前，各方預測十分不看好。有人稱其為服了類固醇的 iPhone。連比爾‧蓋茲看到都說不像 iPhone 那麼讓他意外。但是 iPad 一上市，就造成轟動，其他廠牌也紛紛跟進生產，外型普遍與 iPad 相近，例如螢幕尺寸、重量、黑色外框、按鍵配置、操作介面等，也同樣發展出類似概念的軟體平台。

賈伯斯去世後，《紐約時報》有一篇文章做了他
和拍立得發明人藍德（Edwin Land）的對照。賈
伯斯自己就說過，藍德是他心目中的英雄。他因
為讀到藍德說真正的人才，要站在人文與科學交
接口上，「於是我決心成為這樣的人」。
圖為賈伯斯和他喜歡的安瑟‧亞當斯（Ansel
Adams）的攝影作品「孤松鎮望 冬天日出」
（Winter Sunrise, From Lone Pine）。

企宣五秘訣 5 Secrets

這可以節省數百萬美元的廣告經費

Step 1
絕對保密

蘋果前執行長史考利就說過：行銷是在做戲，要刺激觀眾，娛樂他們，把產品上市辦成一場盛會，這樣大家才會對你的產品有興趣。賈伯斯雖然和史考利不和，但是在這一點上理念完全一致，並且更精於此道。蘋果辦盛會的首要之道，就是在發表會前絕對保密，醞釀氣氛，讓各種風中的傳言發酵，撩撥大家的好奇心與滾雪球的傳言效果。因此蘋果的員工如同間諜，對最親密的家人也從不談論自己的工作。賈伯斯也以身作則。誰敢洩漏半句，就得走路。

Step 2
特別評論

早在上市前幾個禮拜，蘋果會把新產品送到三位最有影響力的科技產品評論家手上：《華爾街日報》的摩斯柏格（Walt Mossberg）、《紐約時報》的波格（David Pogue）以及《今日美國》（*USA Today*）的貝格（Edward Baig）。他們都要簽下保密協定（NDA），寫出來的評論在產品上市當天發表。

Step 3
獨家報

同時，蘋果也和各大
些花絮，但絕不包括
可以取得獨家採訪可
大的報導篇幅，甚至
拿到獨家。

絡，提供他們一
此外，也談判誰
導。願意提供最
事的人，就可以

Step 4
One More Thing

在 Macworld 的大展上發表產品，是最高潮。
賈伯斯會為這場發表會事前反覆準備，每一張
投影片都字斟句酌，再三修正。事前幾天，會
熬夜反覆推敲。現場的燈光、擺設等細節，無
一不講究精細，來回預演。賈伯斯還發展出
以「one more thing」來帶出最高潮的表演。
2007 年 1 月，是拉斯維加斯消費性電子大展
（Consumer Electronics Show, CES）的時候，
蘋果卻選在同一時間舉辦 iPhone 發表會，結
果打得 CES 相形失色，可見威力。

Step 5
火力全開

一旦產品亮相的最高潮完成，蘋果的行銷機器
就會火力全開。在 Macworld 大展上一直秘而
不宣，事前有警衛把守的布旗，全都會打開。
同時，蘋果網站的首頁也立刻秀出新產品，接
著，事先聯絡、洽談好的雜誌、報紙、電台、
電視，就展開同步報導。

發表會的魔術家 How to Launch

怎麼辦一場轟動的發表會

用詞
簡潔、精準

賈伯斯的簡報一向強調簡約，這次他只用不到三十個字母：「全世界最薄的筆記型電腦」（The world's thinnest notebook.），精準貼切地把產品最重要的訊息向觀眾傳達。

運用比喻

2003 年 10 月的簡報會上，賈伯斯說「很多人都以為蘋果不會提供這項功能，除非──」然後指著一張寫有「地獄結冰」的投影片，接著說：「地獄真的結冰了」，隨即宣布推出 Windows 版的 iTunes。

分享舞台

賈伯斯常邀請許多名人參與簡報，他們有時會坐在台下，有時會出現在舞台上。2006 年賈伯斯為了宣布新一代 iMac 將成為蘋果第一款使用英特爾中央處理器的電腦，還特地請來特別嘉賓，這位嘉賓穿起太空衣，把晶圓交給賈伯斯──他就是英特爾的執行長歐德寧。

達志影像

Presentation

達志影像

賈伯斯在 1999 年紐約的 Macworld Expo 中,發表了第一代的 iBook,同時也展示了第一代的 AirPort 無線網路技術。他還特地拿一個呼拉圈套過手上高舉的 iBook,來證明不用接網路線也能上網。

製造
戲味十足的
驚喜

善用道具

達志影像

2008 年 1 月,賈伯斯發表了第一代的 MacBook Air。他在舞台上將電腦從紙袋中抽出來,「它只是裝文件的袋子;但到了賈伯斯手中,卻讓觀眾看得瞠目結舌」。大家馬上就能體會到這是一台多輕薄的筆記型電腦。

讓賈伯斯流下眼淚的企劃 Think Different

賈伯斯第一次看到「Think Different」這個廣告企劃案的時候,流下了眼淚

愛因斯坦
20世紀著名的猶太裔理論物理學家、思想家及哲學家,也是相對論的創立者。

希區考克
英國籍電影導演與監製,並率先發展出許多驚悚與懸疑片的製作技巧。被公認為是懸疑驚悚電影的大師級人物。

達志影像

保羅·蘭德
美國平面設計師,以商標設計著名。知名的商標作品有 IBM、UPS、NeXT 等。

瑪莎·葛蘭姆
美國舞蹈家和編舞家,也是現代舞蹈史上最早的創始人之一。

安瑟·亞當斯
美國的風景攝影師與環保提倡者。

飛力 (Flik)
皮克斯的 3D 動畫電影「蟲蟲危機」的主角,他為了改善生活,時常放下一般螞蟻的日常工作,來進行思考與發明。

畢卡索
西班牙畫家、雕塑家。法國共產黨黨員。為立體主義的創始者,20世紀現代藝術的主要代表人物之一。

法蘭克·卡普拉
義大利裔美國導演,是奧斯卡史上最佳導演獎得獎第二多的導演,被認為是美國夢實現的代表人物之一。

拳王阿里
美國拳擊手,三次世界重量級冠軍,並被認為是 20世紀最偉大的運動員之一。

比爾·伯恩巴克
廣告創意總監,為廣告代理商恆美廣告公司的三位創始人之一,並執導過福斯金龜車「Think small」。

© Popperfoto/Getty Images

伊蓮諾·羅斯福
美國第 32 任總統羅斯福的妻子,二次大戰後出任美國首任駐聯合國大使,並主導起草了聯合國的「世界人權宣言」。

鮑布·狄倫
美國民謠歌手與音樂家,被認為是美國 1960 年代反叛文化的代言人。

愛蜜莉亞·埃爾哈特
美國女性飛行員與女權運動者,同時也是第一位獨自飛越大西洋的女飛行員。

達志影像

傑基·羅賓遜
美國職棒大聯盟現代史上第一位非裔美國人球員。

甘地
以非暴力的不合作手段,抵制英國的統治,領導印度爭取獨立的聖雄。

十四世達賴喇嘛·丹增嘉措
1959 年後離開西藏,長期流亡海外並建立西藏流亡政府,1989 年獲得諾貝爾和平獎。

珍·古德
英國靈長類動物學家、生態學家、人類學家以及聯合國和平大使。

泰德·透納
美國媒體大亨與慈善家,創辦了全球第一個 24 小時新聞頻道 CNN。

約翰·藍儂、小野洋子
披頭四樂團成員之一以及他的妻子。兩人展開了一種新的和平抗議形式——留在床上,並接受拍攝與採訪。

吉姆·漢森、卡米娃·克米特
美國著名的布偶演出家,著名作品有「大青蛙布偶秀」與「芝麻街」。

巴茲‧奧爾德林
在 1969 年 7 月 20 日，第二位踏
上月球後，同時也是第一位登上月
球後，平安返回並踏上地球的美
國太空人。

查理‧卓別林
無聲默片時代的英國喜劇演員與
電影導演，在第一次世界大戰結
束前，成為世界知名的電影明星
之一。

法蘭西斯‧柯波拉
義大利裔美國電影導演，著名作
品有《教父》、《現代啟示錄》
等。

邁爾士‧戴維斯
小號手，爵士樂演奏家，作曲家，
指揮家，冷酷爵士樂創始人，也
是最早演奏波普爵士樂的爵士音
樂家之一。

吉米‧罕醉克斯
著名的美國吉他手、歌手和作曲
人，被公認為是搖滾音樂史中最
重要的電吉他演奏者。

瓊‧拜雅
美國民謠歌手、作曲家，並在
1960 年代活躍於反戰運動。

□‧休士頓
電影編劇、導演與演員，曾
奧斯卡最佳導演獎。著名作
《紅磨坊》等。

達志影像

愛迪生
美國發明家、科學家與商人。開
發了許多對人類生活造成重大影
響的設備。

曼德拉
反種族隔離運動家，1993 年諾貝
爾和平獎得獎人。同時也是全面
代議制民主選舉所選出的首任南
非元首。

瑪麗亞‧卡拉絲
美籍希臘女高音，是義大利「美
聲歌劇」復興的代表人物。

克洛（Lee Clow）是賈伯斯的老搭檔。Macintosh 的經典廣告
「1984」，就是他所策劃的。賈伯斯重回蘋果後，找克洛回來製
作全新的形象廣告。

這個系列的廣告，一方面是在回顧歷史上一些特立獨行的人物，
向他們非凡的事業致敬，一方面也是在蘋果轉型期上的自我期許
與激勵。

賈伯斯看到他拿出的「Think Different」企劃案，為其中的純淨感
動得流下了眼淚。並且，他說日後每當想起那時，都還會流淚。

事實上，這個系列的廣告文案，也都成了經典。其中最後的幾句
話，尤其為人耳熟能詳：「有些人視他們為瘋狂的時候，我們看
到的卻是天才。因為只有瘋狂到足以相信他們可以改變這個世界
的人，才能改變這個世界。」

（While some see them as the crazy ones, we see genius. Because
the people who are crazy enough to think they can change the
world, are the ones who do.）

比爾·蓋茲和賈伯斯，不只是個人之間的一時瑜亮，其實代表了電腦史上兩個不同系統的理念之爭。微軟代表的是開放、水平系統，蘋果代表的是垂直、整合系統。他們兩人長期競爭又合作，彼此雖然針鋒相對，但是始終保持對話的可能。在賈伯斯生命最後階段的 2011 年 5 月，比爾·蓋茲輕車單人造訪，兩人對彼此的系統都表達了一定程度的肯定──雖然也還是各有保留。賈伯斯死後，比爾·蓋茲有一篇聲明，最後有一句「我會深深地懷念他。」這張照片攝於兩人都年輕的 1991 年。

皮克斯驚奇 Pixar Surprise

一種新的經營管理模式

達志影像

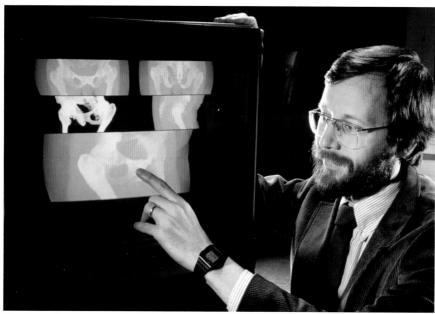

© Roger Ressmeyer/CORBIS

1986 年，「星際大戰」導演盧卡斯因為離婚需錢付贍養費，求售旗下的動畫部門三千萬美元。當時離開蘋果，已經創辦了 NeXT 的賈伯斯殺價到一千萬美元成交，並改名為皮克斯（Pixar）。皮克斯原有三位支柱人物，其中除了一位史密斯因為無法和賈伯斯相處而離開之外，動畫師兼導演拉塞特（John Lasseter，上圖）是皮克斯的靈魂人物之一，因擔任「玩具總動員」的導演而成名。卡特慕爾（Edwin Catmull，下圖）則是在皮克斯成立後，擔任技術長一職。

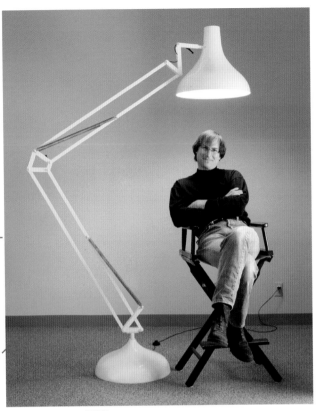

© Louie Psihoyos/CORBIS

賈伯斯買下皮克斯之後，十年間自掏腰包六千萬美元來支持其發展。雖然一度因為持續虧損，消耗賈伯斯的現金，他曾想要賣掉皮克斯，但因為「玩具總動員」等作品的成功，逐漸和迪士尼分庭抗禮，最後甚至由迪士尼在 2006 年以七十四億美元買下皮克斯，讓賈伯斯擁有迪士尼 7% 的股份，成為最大的個人股東和董事。迪士尼前任執行長艾斯納（Michael Eisner）曾經企圖說服董事會這筆交易不划算，相當於皮克斯每部電影要賣座十三億美元的價值。但迪士尼董事會還是支持現任執行長伊格（Robert Iger）而成交。

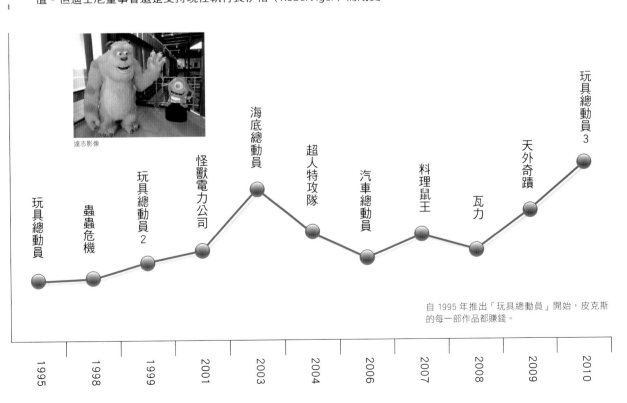

（單位：億美元）
票房收入

達志影像

自 1995 年推出「玩具總動員」開始，皮克斯的每一部作品都賺錢。

| 玩具總動員 | 蟲蟲危機 | 玩具總動員 2 | 怪獸電力公司 | 海底總動員 | 超人特攻隊 | 汽車總動員 | 料理鼠王 | 瓦力 | 天外奇蹟 | 玩具總動員 3 |

1995 · 1998 · 1999 · 2001 · 2003 · 2004 · 2006 · 2007 · 2008 · 2009 · 2010

經營團隊 Leadership Team

原始的，現在的，離開的

創業

最初十人

1 沃茲尼克

2 賈伯斯

賈伯斯不甘自己沒法成為蘋果的一號員工，所以要求成為零號。但事實上因為美國國稅局的作業沒法處理零號，他在報稅資料上，仍然是二號。

10 比爾 · 亞特金森
（Bill Atkinson）

早期蘋果團隊中的一員，主要負責設計蘋果 Lisa 電腦的圖形使用者介面。開發出許多重要軟體，如繪圖引擎 QuickDraw、繪圖軟體 MacPaint 與 HyperCard，現在是 Numenta 公司的外部開發者，也是一個著名的大自然攝影師。

9 李文斯頓
Sherry Livingston
首位秘書

8 艾斯比諾沙
Chris Espinoza
工讀生

7 麥可 · 史考特

受馬庫拉的邀請而加入蘋果，負責營運事務。雖然當時沒有多少員工，也沒有明顯的上下階層關係，但由於他名義上是老闆，所以年薪比兩位史蒂夫多了一美元。

4 比爾 · 費南德茲
（Bill Fernandez）

賈伯斯在高中時代最好的朋友，同時也是蘋果最早的正式員工。有一段時間，他也是唯一的員工，其他人都是創辦人。

6 維金頓
Randy Wigginton
工程師

3 麥克 · 馬庫拉
（Mike Markkula）
達志影像

相信蘋果會成功而成為第一個投資的人。由於他不想親自負責營運，於是找了他的前同事兼好友麥可 · 史考特（Michael Scott）來負責。

5 霍特
Rod Holt
設計師

● 朗恩 · 強森（Ron Johnson）
零售資深副總裁，強森在 2000 年左右加入，負責規畫蘋果直營店的格局設計，發展天才吧（Genius Bar）等新的服務概念。
達志影像

史考特 · 福斯托
（Scott Forstall）

iPhone 軟體工程資深副總裁，負責 iOS 相關軟體開發，近年常常出現在蘋果的發表會上，展示 iOS 的各種新功能。
達志影像

達志影像

● 傑夫 · 威廉斯
（Jeff Williams）

營運資深副總裁。

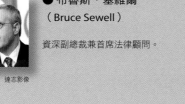
● 布魯斯 · 塞維爾
（Bruce Sewell）

資深副總裁兼首席法律顧問。
達志影像

艾迪 · 庫依
（Eddy Cue）

網路軟體與服務資深副總裁。庫依在 1998 年建立蘋果網路商店後，陸續負責 iTunes Music Store、App Store、iBookstore、iAD 以及最新的 iCloud 等服務。
達志影像

現有團隊

離職的人

姆 · 庫克
（Tim Cook）

為首席營運長，負責所有的日常營運與
流控制。日前已由賈伯斯手中接任蘋果
司的執行長一職。
克在過去營運長任內，把蘋果的主要供
商從 100 家降到 24 家，倉庫從 19
減為 10 處。 一台電腦的生產流程，從
個月降到兩個月。賈伯斯曾經把蘋果的
貨量從兩個月減為一個月，庫克後來減
只剩兩天，有時甚至低到只有 15 個小
。

Imaginechina/Corbis

納生 · 伊夫
（Jonathan Ive）

業設計資深副總裁，從賈伯斯回到蘋果
，幾乎所有產品的工業設計都是出自伊
以及他領導的工業設計團隊之手。例如
色半透明的 iMac、iPod、iPhone、iPad
。其設計風格多少受到德國工業設計師
特·拉姆斯（Dieter Rams）的影響。
伯斯說，伊夫是他在蘋果的心靈之交。
夫因為和賈伯斯太過契合，所以在蘋果
有很獨特的地位。賈伯斯說：「沒有人
如伊夫做什麼事，或不做什麼事。」

志影像

利普 · 席勒
（Philip W. Schiller）

球行銷資深副總裁，負責全球的行銷業
，也是除了賈伯斯之外，最常出現在各
品發表會上的人。

彼得 · 歐本海默
（Peter Oppenheimer）

首席財務長。

達志影像

巴布 · 曼斯菲爾德
（Bob Mansfield）

Mac 硬體工程資深副總裁。

傑夫 · 魯斯金
（Jef Raskin）

Macintosh 計畫的發起人，被稱為「Macintosh 之
父」，目標是「製作一台與烤麵包機一樣簡單使用
的電腦」。後來與賈伯斯意見不合，於 1982 年離
開了蘋果。

羅納德 · 韋恩
（Ronald Wayne）

蘋果電腦的第三位創辦人，負責起草合夥
協議、解決機械工程與文件方面的問題，
還設計了公司的第一個商標，畫中牛頓手
裡拿著羽毛筆，在樹下看書。不過他在蘋
果成立兩週後就退出了。

© ronaldgwayne.com

阿瓦德斯 · 特凡尼安
（Avadis Tevanian）

開發出 UNIX 核心「Mach」的軟體天才，
後來這個核心成為 NeXTSTEP 及 OS X 的
基礎。於 2006 年離開蘋果。

達志影像

喬恩 · 魯賓斯坦
（Jon Rubinstein）

在 NeXT 時代就曾經為賈伯斯負責硬體
業務，後來加入蘋果成為硬體工程的資
深副總裁，負責許多重點產品，如 iMac
與 iPod 等。他在 2006 年離開蘋果，成
為 Palm 的執行長。

達志影像

東尼 · 法戴爾
（Tony Fadell）

法戴爾被許多人稱為「iPod 之父」。原
為 iPod 部門的資深副總裁，已於 2008
年離開蘋果。

博特蘭 · 索雷
（Bertrand Serlet）

法籍軟體工程師，在 NeXT 時期參與開
發 NeXTSTEP。於 2003 年擔任蘋果的軟
體工程資深副總裁，負責開發 Mac OS X
Tiger、Leopard 與 Snow Leopard。於 2011
年 3 月離職。

達志影像

全球的協力廠商 Partners All Over the World

有台灣的，有全世界的

蘋果唱片公司 （Apple Records）

披頭四樂團設立的唱片公司，為了「蘋果」的商標權問題，兩家公司斷斷續續展開了長期的法律訴訟。這也使得披頭四的音樂，直到 2010 年 11 月 16 日，才終於在 iTunes Music Store 上出現。

三星 （SAMSUNG）

韓國三星現在是蘋果主要的零件供應商之一，同時在智慧型手機與平板電腦市場中，也是蘋果的主要競爭對手。

小林研業

在早期機器加工還無法做到時，iPod 金屬背面的鏡面加工是由「小林研業」這家在日本新潟縣燕市的小工廠，一個一個用人工仔細研磨出來的。同時期 iMac G4 的金屬懸臂拋光，也是由這家工廠負責。

樂金顯示 （LG Display）

蘋果的螢幕面板供應商之一。

索尼 （SONY）

八〇年代，賈伯斯在造訪索尼的工廠以及產品的種種細節與設計後，也想讓蘋果效法索尼的優點。

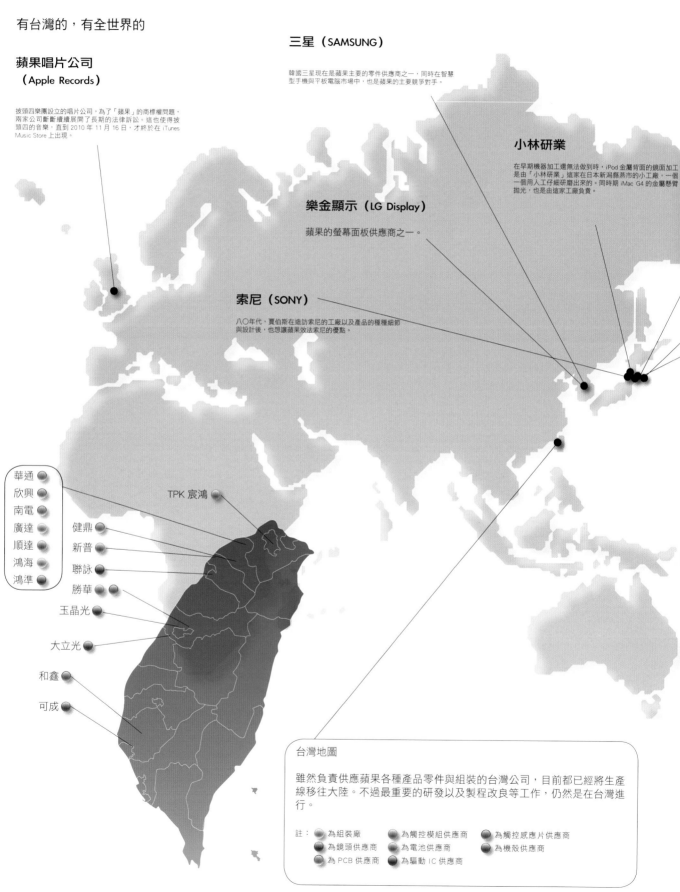

華通
欣興
南電
廣達
順達
鴻海
鴻準

TPK 宸鴻

健鼎
新普
聯詠
勝華
玉晶光
大立光
和鑫
可成

台灣地圖

雖然負責供應蘋果各種產品零件與組裝的台灣公司，目前都已經將生產線移往大陸。不過最重要的研發以及製程改良等工作，仍然是在台灣進行。

註：● 為組裝廠　● 為觸控模組供應商　● 為觸控感應片供應商
　　● 為鏡頭供應商　● 為電池供應商　● 為機殼供應商
　　● 為 PCB 供應商　● 為驅動 IC 供應商

東芝（TOSHIBA）

在 2001 年 2 月的東京 Macworld 期間，蘋果的硬體工程資深副總裁喬恩，魯賓斯坦拜訪了當時蘋果的硬碟供應商東芝公司，他們向魯賓斯坦展示了一款一·八吋硬碟。蘋果採用了這款硬碟，製造出成千上萬的 iPod。此外，東芝也供應儲存型快閃記憶體晶片以及液晶螢幕面板給蘋果。

旭硝子（Asahi Glass Co.）

生產 iPad 用玻璃面板的廠商。

夏普（SHARP）

供應蘋果液晶螢幕面板的廠商之一。

英特爾（Intel）

蘋果宣布採用英特爾的處理器後，就成為其最知名的客戶之一。英特爾常會優先將最新的產品供應給蘋果，或是為它設計特殊型號的處理器。

微軟（Microsoft）

長年以來一直被認為是蘋果死對頭的公司，兩方為了圖形介面的專利權問題打了許多年的官司。

1997 年，賈伯斯宣布與微軟合作，微軟投資蘋果一·五億美元，並在未來五年持續開發 Mac 版的 Office。而蘋果將微軟的 IE 做為 Mac 上的預設瀏覽器。

歌（Google）

果在許多產品中，都有使用到 Google
服務。例如 Safari 預設的搜尋引擎，以
Phone 與 iPad 地圖軟體使用的 Google
圖資等。不過在 Google 發表了手機
系統 Android 後，兩家公司的關係也
陷入了競爭與合作同時存在的狀態。

微半導體（AMD）

在收購 ATI 之後，也成為蘋果的顯示
供應商。2011 年 Mac 各機種的獨立
晶片，幾乎都是採用超微的產品。

DIA

果 在 過 去 經 常 在 Mac 產 品 中 使 用
DIA 的顯示晶片。不過由於 NVIDIA 與
爾的專利權糾紛，讓蘋果開始使用英
以及超微半導體的顯示晶片。

A. Semi

果在 2008 年收購的晶片設計公司，主
長設計低功耗的晶片。

Intrinsity

蘋果在 2010 年時收購的晶片設計公司，目前 iOS 裝置所使用的晶片中，有部分的設計出自於此公司。

達志影像

希捷（Seagate）

蘋果的硬碟供應商之一。

達志影像

豪威科技（OmniVision）

供應 iPhone 相機感光元件的廠商。

威騰電子（Western Digital）

蘋果的硬碟供應商之一。

達志影像

魔法基地：蘋果園區 Locations

經營基地的變遷

© Proehl Studios/Corbis

Infinite Loop 蘋果總部空照圖

---

① 第 棟建築
● Infinite Loop 的正門，也是訪客入口。
● 賈伯斯的辦公室。
● 給軟體、硬體與周邊開發者使用的相容性實驗室，擺滿歷代的硬體。
● The Company Store， 任何人都可以進去，販售各種蘋果的產品以及 T 恤、鑰匙圈、馬克杯、原子筆等紀念品。

② 第 棟建築
由 Mac OS 開發團隊使用。

③ 第 棟建築
行銷部門所在地。

④ 第 棟建築
大禮堂，總部內的媒體發表會皆在此舉行。

員工餐廳 Caffe Macs。

© Getty Images

⑤ 第 棟建築
由硬體研發部門使用。

⑥ 第 棟建築
又稱為 Valley Green 6。

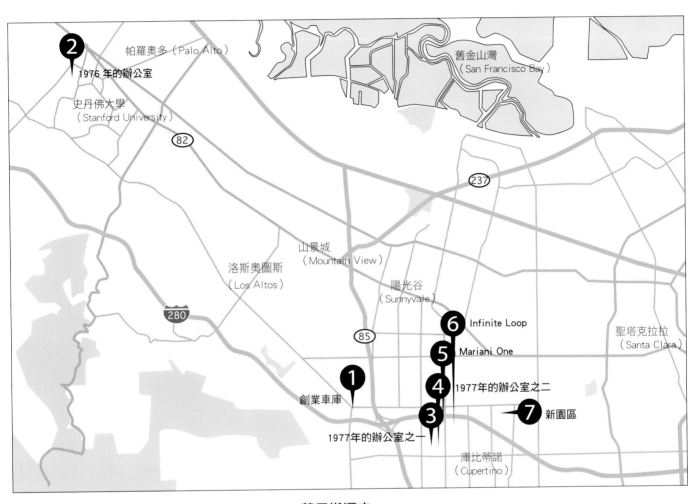

蘋果搬遷史

1 **1976 年創業車庫**
蘋果剛成立時，是在賈伯斯的老家。最初是在臥室，之後才移到車庫裡。

2 **1976 年的辦公室**

3 **1977 年的辦公室之一**

4 **1977 年的辦公室之二**
這時期，隨著蘋果的快速擴張，員工越來越多，公司也在短時間內一次又一次地搬遷到更大的地方。

5 **1982 年 Mariani One**
蘋果在 1982 年搬入了 Mariani One，在這個地方一待就是十多年。

6 **1993 年完工的 Infinite Loop**
目前總部的位置就在 Mariani One 的對街。

7 **新園區**
新園區由著名建築師諾曼 · 佛斯特（Norman Foster）設計，位置離目前的總部不遠，是惠普的舊園區。

賈伯斯攝於他家裡的書桌前。賈伯斯極端重視隱私。他的座車不掛車牌，說就是為了不想讓狗仔隊跟蹤到他家。但是他的居家，和其他大企業的負責人大不相同，沒有保全、警衛，就是推開門就可以進去的那種。賈伯斯說他不想讓自己的生活被金錢所操控。

愛的、恨的、傷害的 Loved, Hated, Harmed

和他不同關係的人

賈伯斯的第一個情人，麗莎的母親。賈伯斯曾經一再不肯承認麗莎是他女兒，拒絕撫養。多年後，布瑞南認為賈伯斯把麗莎從她身邊搶走，用的方法是聽憑你先無法支持，等到你受不了的時候，只能隨他去。

布瑞南

賈伯斯在大學時的朋友，兩人都對禪、鮑布·狄倫、迷幻藥著迷，因而結成密友。後來寇特克還到蘋果工作，是創業員工之一。等蘋果上市時，賈伯斯讓很多人發了財，卻就是堅決一張股票也不給寇特克。甚至當有人邀請賈伯斯一起捐點股票給他時，賈伯斯說那他就捐零張。

寇特克
Daniel Kottke

Macintosh 的原始發想人與負責人，因為賈伯斯在麗莎電腦的開發插不上手之後，想來主控 Macintosh，因而和魯斯金發生衝突。最後魯斯金走人。魯斯金被稱為「Macintosh 之父」。他曾經在一封給公司的信裡描述賈伯斯經常聽到別人的主意時，先是批判得一文不值，過一陣子又會找你重述一遍這個主意，說那是他發想的。

達志影像

魯斯金
Jef Raskin

皮克斯的共同創辦人之一。當賈伯斯入主皮克斯之後，他受不了賈伯斯的行事風格而離開。後來，他又另創了一家公司賣給微軟。他說：「（賈伯斯）就像電視上的福音傳道人。他想操縱別人，而我不願意當他的奴隸。這就是我們起衝突的原因。」

史密思
Alvy Ray Smith

蘋果推出 Macintosh 之後，賈伯斯想為蘋果找一位產品總設計師，辦了一個比賽。結果德國的艾斯林格中選。賈伯斯要求他想拿合約就得搬來加州，因而艾斯林格到美國，並創立了設計公司「青蛙」（frog）。

© Greg Edwards/Wikimedia Commons

艾斯林格
Hartmut Esslinger

李·克洛
Lee Clow

蘋果剛成立時，找的第一家行銷與廣告公司的負責人。賈伯斯因為看到麥金納幫英特爾做的廣告而再三登門，終於獲得同意。今天麥金納以協助新生企業之茁壯而聞名。

麥金納
Regis McKenna

他在 Chia/Day 當創意總監的時候製作了 Macintosh 的 1984 廣告。之後，等賈伯斯再回蘋果，他又製作了 Think Different 的系列廣告。賈伯斯初看他的提案時，就為了其中的純淨而哭了。

© 2009 Getty Images

賈伯斯認為當 Adobe 草創時期，蘋果曾經給他們諸多協助，幫過他們大忙。但是等賈伯斯重回蘋果，請 Adobe 為 Mac 做一套電影編輯軟體的時候，Adobe 卻說因為蘋果的市場太小而無法配合。賈伯斯覺得受到背叛而大怒。

Adobe

雙方曾經關係密切。谷歌執行長施密特還曾任蘋果的董事。但谷歌陣營推出 Android 系統的手機，讓賈伯斯大感惱火，認為是剽竊了他們二十多種專利。他從控告使用 Android 系統的廠商著手，還告訴幫他寫傳記的艾薩克森，他不惜動用銀行裡的四百億美元來對谷歌發動一場核子大戰，摧毀 Android。

Google

© GregPanos/Wikipedia

尚路易・葛塞
Jean-Louis Gassée

曾任蘋果法國公司的負責主管。在賈伯斯和史考利等人鬥法的時候，被賈伯斯認為背叛他。賈伯斯認為葛塞是從背後給了他一刀，比起史考利他更痛恨葛塞。

Loved,
Hated,
armed

達志影像

史考利
John Sculley

因為傑出的行銷能力而為賈伯斯找來當蘋果的執行長。兩人曾經有過很蜜月的階段，但是逐漸因為理念與工作方法的不同而相互衝突，最後史考利取得董事會支持，完全架空賈伯斯。賈伯斯決定另創 NeXT 而離開蘋果。

微軟

和蘋果曾經有過長期的官司訴訟，但也和解並曾在賈伯斯重新回任的關鍵時期投資蘋果。賈伯斯個人和比爾・蓋茲也有很長的愛恨情仇。但在賈伯斯生命最後關頭，兩人的關係也有了很好的和解。

達志影像

佛斯特
Sir Norman Foster

賈伯斯為蘋果未來的新總部找了英國設計大師佛斯特。佛斯特以倫敦的圓錐蛋形等前端建築為人所知。

保羅・蘭德
Paul Rand

賈伯斯要創立 NeXT 的時候，想設計商標，但又因為艾斯林格已經和蘋果簽約，所以邀請了保羅・蘭德這位設計大師出馬。IBM、西屋電器、ABC 等商標，都出自於他的手。

貝聿銘
I. M. Pei

賈伯斯在裝潢 NeXT 的辦公室的時候，請貝聿銘在大廳中央設計出一種像是飄浮在空中的樓梯。多年後，賈伯斯在很多蘋果專賣店裡都裝上了這種風格的樓梯。

歲月留下的痕跡 Faces Over Time

相由心生的變化很清楚

© Tony Korody/Sygma/Corbis　　　　達志影像　　　　　　　達志影像　　　　　　　達志影像

1977 年

創業初期的賈伯斯與沃茲尼克在穿著與儀態上依舊維持嬉皮風格。但在尋求合夥人、與銀行打交道的過程中，由於挫折，賈伯斯終究在推出 Apple II 時，決定剃下鬍鬚、穿上西裝，讓自己的形象能更受社會注意。

1984 年

賈伯斯推出 Macintosh，這時隨著蘋果逐日起飛，他更顯得意氣風發。穿著上時會搭配領結與吊帶，呈現桀驁不羈的雅痞風格。這段時間他的臉上時常帶著驕傲的笑容，但隨著離開蘋果的挫折，再次改變他的態度。

NeXT 時期

NeXT 時期的賈伯斯由於主要客戶為高等教育市場與系統商，在公開場合出席時總是規規矩矩的穿著正式西裝、打緊領帶。這期間的穿衣風格仍有變化，除了西裝之外，他也曾穿牛仔外套出席產品發表會。

這時期他的表情比過去凝重、沉靜許多，但著名的演說技術也是在這一時期逐漸成熟，於日後發光。

達志影像　　　　　　　　　　　達志影像　　　達志影像

重返蘋果

重返蘋果的賈伯斯由於年紀
漸長，開始戴上眼鏡，也重
新留起世人熟悉的鬍鬚。這
時的衣裝還多有變化，像是
1997 年波士頓 Macworld 與
微軟和解的會場上，就穿著
白色無領衫搭配黑色背心；
推出初代 iMac 時，為求慎
重更穿回了西裝。

2007 年

1 月 MacWorld 大會上發表
初代 iPhone，接著蘋果營
收蒸蒸日上，但賈伯斯的健
康卻逐日走下坡，構成明顯
的對比。

2009 年

9 月於 iPod 發表會上現身，
顯得極為憔悴、瘦弱。該場
發表會開頭，賈伯斯披露了
這段時期接受肝臟移植的事
實。

2011 年初

親自發表 iPad 2 時，甚至
讓人不覺依然受病魔所苦。
他最後出現在世人面前就是
2011 年 6 月的 WWDC 會場
上。

財富排名　Wealth Ranking

他不以追求財富為目的,所以也不是最有錢的

達志影像

葛登 · 摩爾
(Gordon Moore)

英特爾創辦人之一
摩爾定律的提出者

37 億美元

達志影像

艾瑞克 · 施密特
(Eric Schmidt)

Google 前任執行長

62 億美元

達志影像

賈伯斯
(Steve Jobs)

蘋果電腦共同創辦人

70 億美元

達志影像

保羅 · 艾倫
(Paul Allen)

微軟創辦人之一

132 億美元

達志影像

史蒂夫 · 巴爾默
(Steve Ballmer)

微軟現任執行長

145 億美元

達志影像

麥可 · 戴爾
(Michael Dell)

戴爾(Dell)電腦創辦人

150 億美元

賈伯斯的身價雖然足以稱為億萬富翁,但若與同在科技業具有相同地位的角色相比,他的個人財富相對遜色許多。首先,他在 1985 年離開蘋果時,賣掉手中持股,轉為投資皮克斯與 NeXT。而在蘋果併購 NeXT 後,他再次悄悄地賣掉所得的股票,擔任執行長後,他也僅領著象徵性的一美元年薪。手上的資產,主要來自迪士尼併購皮克斯時所得到的股票,以及擔任執行長職位的股票選擇權。

達志影像

達志影像

達志影像

達志影像

達志影像

達志影像

賴瑞・佩吉
(Larry Page)

Google 創辦人之一，
也是現任執行長

167 億美元

賽吉・布林
(Sergey Brin)

Google 的另一位創辦
人

167 億美元

馬克・札克柏格
(Mark Zuckerberg)

facebook 創辦人

175 億美元

傑夫・貝佐斯
(Jeff Bezos)

亞馬遜（Amazon）創
辦人

191 億美元

賴瑞・艾利森
(Larry Ellison)

甲骨文（Oracle）公
司創辦人

330 億美元

比爾・蓋茲
(Bill Gates)

微軟共同創辦人

590 億美元

美國科技業竄起，令創辦人藉由股票上市（IPO）獲得財富主要分為三波。第一波就是像微軟、英特爾、蘋果等公司於個人電腦創始期奠下根基，逐漸延續至今不斷累積。第二波就是 1990 年代 DotCom 網站風潮，藉由電子商務，讓相關企業一飛沖天，包括甲骨文、採直銷模式的戴爾電腦、亞馬遜和 eBay 都在這陣容中。而 Google 與 facebook，則是透過網路服務，以搜尋、社群模式成為第三波科技創業的成功者。賈伯斯分別以蘋果、NeXT 與新生的蘋果在這三波中起伏。

星象 Astrological Signs

從星象圖來看他的一生

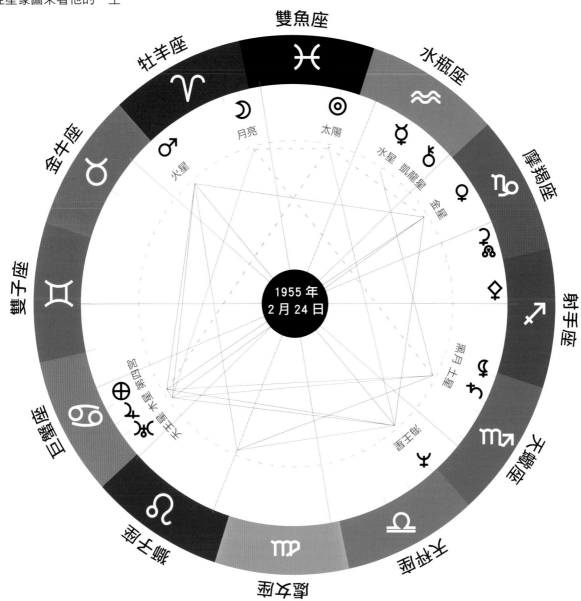

被人收養的賈伯斯，靈魂深處有失落的根與家族難解的秘辛，顯示海王星的受剋，雷同的命運也發生在他自己身上，賈伯斯曾拒絕承認私生女，直到麗莎兩歲才終於接受了她。海王星落在象徵婚姻的天秤座，影響他早年對婚姻價值的迷惘與失落。

賈伯斯的木星落在巨蟹座，宇宙開了另一扇窗，雖有本命太陽與月亮的困境，幸運地，他擁有養父母呵護的愛，同時宇宙也應允了他個人家庭生活的美滿與幸福。他的一生都與養父母、生母與親妹妹維持良好的互動，卻從未和生父相認。

太陽落於雙魚座，顯示了理想性格，也指出賈伯斯早年生活的不穩定，太陽與海王星呈三合相位，更強化了靈性體驗；海王星與上升星座呈

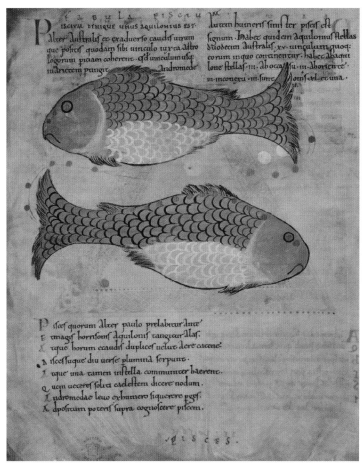

達志影像

三合相位，也顯示對世界的看法具有理想主義的色彩，容易對神秘經驗與超自然現象著迷；而落於摩羯座的金星與土星呈良好相位，顯示有藝術、美學方面的卓越表現。

輟學、鼓舞年輕人不要活在別人的想法中，顯示了凱龍星在水瓶座帶來的影響，而他為世界帶來的強烈震撼，更可看出天王星顛覆傳統的革新；落在巨蟹座的天王星，除了賦予獨特的創造力，也顯現了不受拘束、重隱私權的神秘感。加上天王星與月亮、天王星與土星的良好相位，更提升了柔性美學，在創新與應用的兩端，取得良好的平衡，而象徵思維的水星落在水瓶座，更帶出他強調原創性、不流於俗的堅持與創新。

（本單元之文：安卓；圖：林家琪）

賈伯斯性格裡有著冷漠與熱情的極端。他太太蘿琳在和他交往的期間，就很苦惱。後來蘿琳的閨中密友凱特・史密斯（Kat Smith）為賈伯斯這種個性，做了很清楚的比喻：「他有本領把注意力集中成一道雷射光。你被掃到的時候，就浸沐在他關注的光亮之中。雷射光再掃到其他焦點的時候，你的世界就十分黑暗了。」

賈伯斯喜歡去陣匠日本料理。
這是他最後一次去點的食物組合。

"His tone was tenderly apologetic at the end.
He felt terrible that he would have to leave us."
— Mona Simpson

**最後，他說話的語氣帶著輕輕的歉意。
他為自己要離我們而去而難過。**

妹妹夢娜・辛普森形容他最後的時刻

©Mathieu Thouvenin/Wikipedia

達志影像

受到美國1960年代嬉皮風氣的影響，賈伯斯開始熱中亞洲文化。並開始欣賞鮑布‧狄倫與披頭四樂團

賈伯斯與蘋果電腦大事記

- 2月24日，史蒂夫‧賈伯斯（Steve Jobs）出生
- 賈伯斯跟隨養父母遷居至矽谷

| 1912 1954 | 1955 | 1958 | 1959 | 1960 | 1963 | 1965 | 1966 | 1968 | 1969 | 1970 |

世界大事記

- 4月18日，愛因斯坦過世
- 發明數據機（Modem）與積體電路（IC）
- 越南戰爭爆發，1975年結束
- 披頭四樂團（The Beatles）正式組團
- 披頭四樂團首次抵達美國，與鮑布‧狄倫在紐約相會
- 8月28日，馬丁‧路德‧金發表著名演說「我有一個夢」（I Have a Dream）
- 11月22日，美國總統約翰‧甘迺迪於德州達拉斯遇刺身亡
- 泰德‧尼爾遜（Ted Nelson）提出Hypertext
- 中國文化大革命開始
- 波蘭布拉格之春事件
- 4月4日，馬丁‧路德‧金遇刺身亡
- 巴黎大學發生罷課風潮，也就是5月風暴
- 恩格爾巴特首次展示滑鼠，ARPANET開始網際網路時代。1971年傳送第一封電子郵件
- 胡士托（Woodstock）音樂節首次舉行，以宣揚「和平與愛」為口號
- 阿姆斯壯乘阿波羅十一號登陸月球
- 披頭四樂團解散
- 美國太空船阿波羅十三號安全降落
- 數學家庫德（E.F. Codd）博士提出關聯式資料庫的概念

圖靈的「圖靈測試」（Turing Test），用作檢驗機器是否具備人類智慧，是研究人工智慧的先驅之一

鮑布‧狄倫（Bob Dylan）"Blowin' in the Wind"一曲成為反戰歌曲而受到傳唱，也開始與瓊‧拜雅（Joan Baez）的巡迴演唱

柏克萊大學系統理論教授柴德（Lotfi Zadeh）提出了「模糊邏輯」的概念，也為人工智慧的發展開闢了另一條途徑

© Cacodohany/Wikimedia Commons

Apple II
達志影像

© Joho345/Wikipedia

12月，賈伯斯與比爾·亞特金森（Bill Atkinson）等人一同訪問帕羅奧多研究中心，在見到GUI樣品後受到極大震撼

12月12日，蘋果電腦公司的股份公開。賈伯斯與沃茲尼克分別獲得兩億五千六百萬以及一億三千六百萬美元的資產

賈伯斯進入里德學院就讀，過了一學期便自動退學。之後在學校裡依照興趣選修了字體美術課程

3月於「家釀電腦俱樂部」（Homebrew Computer Club）展示Apple I的原型機

4月，賈伯斯進入雅達利（ATARI）工作。與友人前往印度旅行

賈伯斯開始受到舊金山禪宗中心領導人Richard Baker的影響

沃茲尼克製作了「藍盒子」，賈伯斯則將其賣出

賈伯斯認識了沃茲尼克

4月16日，於第一回West Coast Computer Faire發表Apple II。展示Apple I

8月28日，於PC '76 Computer Show出展，展示Apple I

6月將五十台Apple 一賣進了零售店Byte Shop

4月1日，創立蘋果電腦公司

10月，個人軟體公司（Personal Software）發售試算表軟體VisiCalc

6月，沃茲尼克開發出軟碟機Disk II

6月5日，Apple II發售

6月，Apple II+發表

7月，Apple III發表

2月7日，沃茲尼克的私人飛機墜毀，幸得大難不死

賈伯斯就任董事長

8月24日，刊登全版廣告「歡迎IBM」

| 1971 | 1972 | 1973 | 1974 | 1975 | 1976 | 1977 | 1978 | 1979 | 1980 | 1981 |

英國立法成立大英圖書館，主要以大英博物館的藏書，加上其他一些圖書館的藏書而成

三百萬年前的人類露西（Lucy）的骨骸出土

微處理器Intel 8080、MC6800、MOS 6502發表

美國總統尼克森因水門事件引咎辭職

中國發現秦始皇兵馬俑

Altair發表Altair 8800微電腦

Commodore公司發表PET 2001

坦迪公司（Tandy）發表TRS-80 Model I

貓王（Elvis Presley）去世

IBM發表IBM PC

第一台手提個人電腦OSBORNE 一上市，重二十四磅

達志影像

IBM5150PC

朱邦復公布「倉頡輸入法」，次年與宏碁電腦合作推出「天龍中文電腦」，開啟中文電腦時代

MTV音樂電視頻道播出首支音樂錄影帶——The Buggles樂團的"Video Killed the Radio Star"

達志影像

Altair8800

美國社會學家杜安·艾爾金在Voluntary Simplicity中提出包括：「少吃肉，糖，吃較自然、健康、簡單的食物，……減少生活中的喧鬧、零亂與繁雜，把一些自己用不著的衣服、書籍送出去……」等簡樸生活通則，並逐漸在美國引起共鳴

賈伯斯買下位於加州Woodside的豪宅，如同他前一間住屋一般，鮮少增添家具與裝潢，但在客廳中有著一台BMW的摩托車

- 1月22日，於「第十八回超級盃美式足球」全美轉播上播放廣告"1984"
- 1月24日，於年度股東會上發表第一代Macintosh（128K）
- 12月錯估聖誕季的購買需求，因而造成Macintosh大量滯銷
- 9月10日，Macintosh 512K發表
- 獲頒美國國家科技獎章（National Medal of Technology）
- 賈伯斯買下盧卡斯影業的CG部門，將其命名為皮克斯（Pixar）
- 1月16日，於年度股東會上發表Macintosh Plus
- 8月14日，於MACWORLD Expo/Boston上發表HyperCard
- 9月20日，Macintosh IIci、Macintosh Portable發表
- 9月18日，賈伯斯展示新產品NeXTstation

- 1月19日，Apple IIe與Lisa1發表
- 4月8日，史考利就任總經理兼執行長
- Lisa2 發表
- 2月，沃茲尼克離開蘋果
- 賈伯斯被剝奪所有職權
- 9月16日，賈伯斯離職，創立NeXT公司
- 於年度股東會上發表LaserWriter
- Apple IIGS發表
- 3月2日，Macintosh SE、Macintosh II發表
- 10月12日，NeXT公司發售NeXT Cube
- 1月19日，Macintosh SE/30發表

1982	1983	1984	1985	1986	1987	1988	1989	1990

- 新力發表第一台CD播放機CDP-101
- 摩托羅拉發表第一台行動電話DynaTAC 8000x
- Aldus公司發表Aldus PageMaker
- 微軟公司針對Macintosh用戶發售Excel
- 英特爾發表386處理器
- 任天堂遊戲面世。2000年，新力推出Playstation 2。2001年，微軟推出Xbox
- 中國研發出能夠處理中文的電腦「長城0520微機」，使用區位碼為輸入法則
- 台灣解嚴，次年報禁解除
- 日本富士首先推出全數位式的靜態照相機
- 西藏拉薩發生暴動
- 義大利人Carl Petrini組織「慢食會」，推動慢食運動，活動迅速擴及全世界
- 六四天安門事件
- 波斯灣戰爭爆發
- 蒙特利大學學生尹塔吉發明第一個搜尋引擎Archie
- 提姆·柏納·李（Tim Berners-Lee）在NeXT電腦上開發了WWW

手機的歷史可上溯至1950年代，但是商品化上市則在1983年，到1990年代之後，日益成為普及的個人閱讀工具之一

達志影像

達志影像

月18日，賈伯斯與鮑爾結婚，並由賈伯斯的心靈導師曹洞宗僧侶乙川弘文主持婚禮

10月21日，第一部筆記型電腦 PowerBook 100、140、170 發表

6月18日，史考利辭去執行長一職，改由麥克‧史賓德勒（Michael Spindler）接任

1月8日，於 CES 上發表 Newton Messagepad

8月4日，Newton Messagepad 發售

11月22日皮克斯的第一部長篇電腦動畫「玩具總動員」（Toy Story）於美國上映

3月28日，蘋果的遊戲機產品 Pippin 在日本發售

1月23日，史賓德勒辭去執行長一職，改由吉爾‧艾米里歐（Gilbert Amelio）接任

12月20日，蘋果買下 NeXT Software 公司。賈伯斯以臨時顧問一職重返蘋果公司

3月20日，創立二十週年紀念機型 Twentieth Anniversary Macintosh 發售

7月9日，艾米里歐辭去執行長一職，賈伯斯就任臨時執行長

8月6日，賈伯斯在 Macworld Expo/Boston 上發表與微軟公司為期五年的合作協議，並接受其融資

8月4日，蘋果發表新的系列廣告 "Think Different"

7月26日，Mac OS 8 發售

11月10日，線上商店 Apple Store 開設

11月25日，「蟲蟲危機」（A Bug's Life）上映，全球票房達三億六千萬美元

1月19日，Mac OS 8.1 發表，並內建 Internet Explorer 瀏覽器

5月6日，賈伯斯於 WWDC 1998 上發表第一代 iMac

8月15日，第一代 iMac 發售

1月15日，賈伯斯於Macworld Expo/San Francisco發表Power Macintosh G3（Blue＆White）以及五種色彩的iMac

11月24日，「玩具總動員」第二集（Toy Story 2）上映，全球票房達四億八千萬美元

7月21日，iBook發表。發表無線網路技術AirPort

1991　1992　1993　1994　1995　1996　1997　1998　1999

前蘇聯解體

波斯灣戰爭結束

微軟發表 Windows 3.1

中國郭店楚墓出土《老子》、《太一生水》等竹簡

英特爾發表 Pentium 處理器

Netscape 瀏覽器風行，旋由微軟的 IE 取代大部分市場

美國史丹佛大學博士楊致遠與費羅合力創立網路公司 Yahoo!

Radius 公司發售第一部 Mac 互換機 The Radius System 100

微軟發布 Internet Explorer 瀏覽器。同年發布 Windows 95

第一片 DVD 發售

英特爾發表 Pentium II 處理器

複製羊「桃莉」在英國誕生

微軟Windows 98正式發售

Diamond Multimedia發表Rio PMP300數位音樂播放器

達志影像

Y2K 千禧蟲恐慌

英特爾發表 Pentium III 處理器

RIM 發表第一台 BlackBerry 裝置 BlackBerry 850

達志影像

達志影像

擁有龐大對局資料庫的 IBM電腦「深藍」（Deep Blue）開始挑戰人類棋王。1997年，「深藍」打敗世界西洋棋棋王卡斯帕洛夫

達志影像

貝佐斯（Jeff Bezos）創立全球第一間網路書店「亞馬遜書店」（Amazon）。同年，eBay 線上拍賣網站成立

達志影像

Google 成立，其速度快、搜尋廣度寬、支援多語種的優勢，使它在幾年後迅速發展成為世界規模最大的搜尋引擎，並逐漸取代各種平面「百科全書」的地位

梅洛茲（Peter Merholz）把 Weblog 念成 We Blog，故有了 Blog 部落格的說法

Napster成立，網路下載MP3音樂蔚成風氣。2001年，Napster終止服務並開始阻止用戶下載約一百萬首受到版權保護的音樂曲目

1月5日，賈伯斯於Macworld Expo/San Francisco上宣布，將從蘋果的臨時執行長成為正式執行長，同時發表Mac OS X

7月19日，於Macworld Expo/New York上發表Power Mac G4 Cube、Power Mac G4、Mac OS X

5月21日，蘋果在維吉尼亞州麥克林的泰森角以及加州格倫代爾的格倫代爾廣場開設最初的兩家Apple Store，並計畫在2001年結束前開設25家直營店

達志影像

1月7日，於 Macworld Expo / San Francisco 上發表採用液晶螢幕的 iMac G4 以及相片編輯管理軟體 iPhoto

3月3日，賈伯斯與電影製片人卡特慕爾和拉塞特在洛杉磯舉行的第十三屆美國製片人協會頒獎典禮上手持獎盃，三人均榮獲先鋒電影人獎

7月17日，於Macworld Expo/New York 2002發表支援Windows的第二代iPod，Mac OS X v1.02 Jaguar

4月28日，iTunes Music Store開設，期共有二十萬首音樂，每首售價○‧九九美元。同時第三代iPod發表

11月「怪獸電力公司」（Monster Inc.）上映，全球票房達五億兩千萬美元

10月23日，第一代 iPod發售。發表搭載iPod管理功能的 iTunes 2

9月29日，Mac OS X v10.1 Puma 發表

3月24日，Mac OS X 10.0 Cheetah 發表

1月19日，音樂軟體 iTunes 發表

9月13日，Mac OS X Public Beta 發表

2月16日，iBook Special Edition、PowerBook G3 發售

4月29日，發表針對教育市場的Mac機種 eMac

7月17日，網路服務 .Mac 開始

1月7日，於Macworld Expo/San Francisco發表Keynote、Safari、iLife、Final cut Express

3月19日，美國前副總統艾爾‧高爾就任蘋果董事

5月30日，「海底總動員」（Finding Nemo）上映

10月16日，Windows 版 iTunes 發表，iTunes Music Store開始販賣有聲書

10月8日，Mac OS X 10.3 Panther發表

2000　**2001**　**2002**　**2003**

英特爾發表Pentium 4處理器

史蒂芬‧金（Steven King）首次嘗試採用網路收費機制直接在網路上發表小說 Riding the Bullet

Windows XP 正式發布

九一一事件發生

Palm 發表 Kyocera 6035，是第一台大量銷售的智慧型手機

維基百科（Wikipedia）英文版計畫開始，截至2005年，維基百科的內容含量已超越《大英百科》

微軟MSN即時通訊軟體單月使用者超過三億人

微軟發布平板電腦用的Windows XP Tablet PC Edition，同時推出可用於智慧型手機的Windows CE.net

達志影像

伊拉克戰爭爆發

SARS疫症爆發，全球三十多個國家受波及

中、美、英、日、法、德六國共同研究的所有人類基因圖譜排序宣告完成

迪士尼宣布併購皮克斯

MacBook Pro透過Boot Camp執行Windows XP

達志影像

3月2日，iTunes Music Store的累計下載次數超過三億首。樂曲數超過一百萬首，有聲書則超過九千本

6月12日，賈伯斯受邀於史丹佛大學畢業典禮上發表演說，提出著名的「人生連結點」、「愛與失去」、「關於死亡」三點公開演講

7月5日，iTunes Music Store的累計下載次數超過五億首。樂曲數超過一百五十萬首，有聲書則超過一萬本

10月12日，可播放影片的第五代iPod發表。同時iTunes Music Store開始販賣音樂錄影帶與電視節目。發表會中賈伯斯與爵士樂傳奇人物Wynton Marsalis合影

9月12日，iTunes Music Store更名為iTunes Store，並開始提供電影、遊戲。同一天，新的iPod nano（第二代）、iPod shuffle（第二代）與iPod classic發表

10月26日，配備彩色顯示器的iPod photo、U2成員簽名的iPod U2 Special Edition發表

11月5日，「超人特攻隊」（The Incredibles）上映，全球票房達六億三千萬美元

8月，賈伯斯確認罹患胰臟島細胞內分泌腫瘤，並經由手術摘除

1月7日，iPod mini發表。iPod的販賣台數超過二百萬台

7月12日，iTunes Music Store的累計下載次數超過一億首

7月19日，第四代iPod發表

1月7日，於Macworld Expo/San Francisco發表iPod shuffle、Mac mini

4月28日，Mac OS X v10.4 Tiger發表

9月7日，第一代iPod nano發表

4月21日，MacBook Pro能夠以Boot Camp軟體執行Windows XP系統

5月23日，耐吉與蘋果合作，發表Nike+iPod

6月6日，第五代iPod U2 Special Edition發表

6月9日，「汽車總動員」（Cars）上映

1月10日，搭載英特爾Core Duo的iMac、MacBook Pro發表

1月24日，迪士尼宣布以每股七十四美元併購皮克斯

2004　　**2005**　　**2006**

印尼地震引發東南亞海嘯

Google 首次公開招股上市

哈佛大學的學生札克柏格（Mark Zuckerberg）創辦「社群網路服務」網站「臉書」（facebook）。2008年推出簡繁體中文版本

影片分享網站YouTube由查德·賀利、陳士駿、賈德·卡林姆，三名前PayPal 僱員創辦

Google與牛津、密西根、史丹佛大學以及紐約公共圖書館等幾家頂尖圖書館合作，將其館藏著作轉化為電子文件，放到網上讓人們免費搜索閱讀

英特爾正式推出Core系列處理器

全球網路人口超過十億人

微軟的數位隨身聽 Zune 正式發售

伊拉克前總統薩達姆被處死

12月，維基解密網站成立，發布了第一份檔案，由索馬利亞反對派領導人謝赫·哈桑·達赫·阿威斯簽署的一份「秘密檔案」

達志影像

達志影像

1月9日，於Macworld Expo/San Francisco大會上宣布，企業名稱自Apple Computer, Inc.（蘋果電腦）更名為Apple, Inc.（蘋果公司）。同一天，賈伯斯於大會上發表第一代iPhone，和第一代Apple TV

6月29日，第一代iPhone在美國發售。同一天，「料理鼠王」（Ratatouille）上映

9月5日，發表配備無線網路的第一代iPod touch、新的iPod classic（第六代）、iPod nano。Wi-Fi Music Store 開設

10月26日，Mac OSX v10.5 Leopard 發售

1月15日，發表全世界最薄的筆記型電腦MacBook Air以及可以無線備份資料的Time Capsule

達志影像

3月3日，財星雜誌評選蘋果公司為「全美最受讚賞企業」第一名

4月3日，iTunes Store超越沃爾瑪成為全美第一大音樂商店

6月9日，WWDC 2008大會上發表第二代iPhone3G

7月11日，App Store正式開設。開設三天後下載數即突破一千萬次

6月27日，「瓦力」（WALL-E）上映

6月8日於WWDC 2009大會上發表iPhone3GS，同時發表的還有Mac OS X Snow Leopard以及Safari 4

3月11日，新iPod shuffle發售，新增VoiceOver功能，可以自動念出曲名

4月，賈伯斯在孟菲斯的衛理公會大學醫院接受肝臟移植

5月29日「天外奇蹟」（Up）上映

8月3日，施密特（Eric Emerson Schmidt）辭去蘋果公司董事一職

8月28日，Mac OS X Snow Leopard發售

9月9日，新iPod nano發表，內含錄影鏡頭、FM收音機及計步器。同時發表的還有新款的iPod shuffle與iPod touch

---

2007

《哈利波特》完結篇出版

Windows Vista正式發售

達志影像

2008

Google發布了手機作業系統Android的第一個開源版本

歐巴馬成為美國歷史上第一位非洲裔總統

達志影像

2009

Palm Pre發售

Windows 7正式發售

甲型H1N1流感肆虐全球

達志影像

達志影像

伊朗總統大選，幾萬選民走上街頭示威抗議，Twitter、facebook等網路工具成為示威者向外傳遞信息和互相聯絡的重要渠道

4月3日，iPad於美國發售。第一天即賣出三十萬台，iPad應用程式下載次數達一百萬次，iBooks下載次數達二十五萬次

6月6日，賈伯斯於WWDC 2010上發表iPhone 4。其特徵為FaceTime視訊通話、Retina顯示器、五百萬畫素相機HD動態影像攝影，同時亦是全世界最薄的智慧型手機

6月18日，「玩具總動員」第三集（Toy Story 3）上映，全球票房超過十億美元，為皮克斯創立以來收益最高的一部影片

1月27日，賈伯斯發表iPad

6月24日，iPhone4發售。發售三日後的26日，販賣台數即超過一百七十萬台

7月4日，發表iPhone4關於收訊不良的問題

7月27日，多點觸控板 Magic Trackpad 發表

9月2日，新款iPod shuffle、iPod touch、搭載多點觸控的新iPod nano以及Apple TV發表。同時發表的還有iTune 10與社群網路功能Ping

10月20日，新款MacBook Air、iLife'11、Mac版FaceTime 以及 Mac OS X 10.7 Lion 發表

11月16日，披頭四的音樂開始於 iTunes Store 販賣

7月20日，Mac OS X Lion開始於Mac App Store發售，首日便突破一百萬下載。同時也推出了新款 MacBook Air 以及 Mac mini

1月6日，Mac App Store 開設，第一天便達成一百萬件以上的下載數

1月17日，賈伯斯宣布將因病休養

3月2日，iPad2發表，同時也發表了新版 iOS 4.3

4月28日，iPhone4 白色機發售

6月6日，賈伯斯於WWDC2011 發表Mac OS X Lion、iOS 5、iCloud

6月24日，「汽車總動員2」（Cars 2）上映

8月24日，賈伯斯辭任蘋果執行長

10月5日，賈伯斯辭世

2010

微軟正式發表 Windows Phone 7
惠普宣布收購 Palm
惠普宣布停產索尼卡帶隨身聽
谷歌宣布退出中國，關閉中國版搜尋服務，轉用香港的伺服器提供簡體服務
披頭四成員約翰·藍儂逝世三十週年

2011

微軟宣布 Zune 停產
微軟發布了 Windows 8 的第一個開發人員預覽版
惠普宣布將終止所有 Web OS 的硬體產品
日本發生「三一一」規模九大地震
諾基亞宣布將與微軟結盟，並推出 Windows

參考資料 Reference

書

《賈伯斯為什麼這麼神》 *Return to the Little Kingdom,* Michael Moritz ／著　劉真如／譯（大是）

《賈伯斯在想什麼？》 *Inside Steve's Brain,* Leander Kahney 利安德・卡尼／著　高子梅／譯（臉譜）

《賈伯斯傳》 *Steve Jobs,* Walter Isaacson 華特・艾薩克森／著　廖月娟、姜雪影、謝凱蒂／譯（天下文化）

《蘋果熱與皮克斯瘋》 *Apple & Pixarmania,* Cyril Fievet 希瑞爾・菲飛特／著　武忠森／譯（商周）

《科技頑童沃茲尼克》 *iWOZ,* Steve Wozniak、Gina Smith 著／王志仁、齊若蘭／譯（遠流）

《大家來看賈伯斯》 *The Presentation Secrets of Steve Jobs,* Carmine Gallo 卡曼・蓋洛／著　閻紀宇／譯（麥格羅・希爾）

《揭密》 *The Innovation Secrets of Steve Jobs,* Carmine Gallo 卡曼・蓋洛／著　閻紀宇／譯（麥格羅・希爾）

《你所不知道的四個賈伯斯》 *Les 4 vies de Steve Jobs,* Daniel Ichbiah ／著　黃琪雯、鄭馨、粘耿嘉／譯（聯經）

《賈伯斯憑什麼領導世界》 *The Steve Jobs Way,* Jay Elliot and William L. Simon ／著　陳信宏／譯（先覺）

《世界跟著他的想像走》 王詠剛、周虹／著（天下文化）

《i 狂人賈伯斯》 *iCon Steve Jobs,* Jeffrey S. Young and William L. Simon ／著　陳筱黠、郭婷瑋／譯（臉譜）

The History of Jobs & Apple 1976~20XX, MAC LIFE 特別編集（晉遊舍）

Steve Jobs, Walter Isaacson, Simon & Schuster

On the Firing Line: My 500 Days at Apple, Gil Amelio and William L. Simon, HarperBusiness

Lost Fathers, Mona Simpson, Vintage eBooks

Anywhere but Here, Mona Simpson, Vintage eBooks

A Regular Guy, Mona Simpson, Vintage eBooks

影片

Bill Gates and Steve Jobs (video and transcript of on stage interview),
　　http://d5.allthingsd.com/20070530/d5-gates-jobs-interview/"
AllThingsD, May 30, 2007.
　　http://en.wikipedia.org/wiki/All_Things_Digital"
Steve Jobs, *"Computers are like a bicycle for our minds."*
　　http://www.youtube.com/watch?v=ob_GX50Za6c